ASD・ADHD・LDの
特性を理解し、
将来へ向けた
支援とは

高校・大学進学、
そして就職へ
子どもの自立・自活への
不安を減らす本

親子で理解する発達障害
進学・就労
準備の進め方

監修＊鈴木慶太　Kaien代表取締役

河出書房新社

はじめに

ASD（自閉症スペクトラム）・ADHD・LDなどの発達障害の子どもにとって、将来の自立や自活に向けて早めに準備することは、「道筋」を明確にするという意味からも非常に大切なことです。特性のある子どもは、成長するにしたがい生活面や学習面において健常者には理解しにくい独特の困難さが目立ってきます。とはいえ、進路を選ぶ岐路に立った時にしっかりした準備と適切な支援があれば、必ず乗り越えられます。

本書では、高校をどのように選ぶのか、社会に出る準備をいつからはじめるのか、どんな仕事や会社が向いているのか、将来に向けた適切な支援とは……といった保護者や本人がもっとも気になる項目を場面ごとに具体的にやさしく解説しています。

保護者が子どもの将来に対する不安を抱えていたのでは、子どもは安心して毎日を過ごすことが難しくなってしまいます。保護者や学校、周囲が連携して将来への不安を少しでも減らすことで、子どもは自立・自活に向けた一歩を踏み出せるはずです。

Contents

第3章 子どもの特性や状態をしっかり把握する 41

第4章 高校の選択がその後の自立・自活を左右する 59

Contents

第5章 就労に必要な生活スキル（生活習慣）を身につける 69

第6章 自立・自活へ向けた就労先の選び方 83

Contents

第7章 実践編
子どもの自立・自活へ向けて 我が家の場合

第1章

これだけは知っておきたい
基礎知識
発達障害とは？

発達障害とは、言語・コミュニケーション・社会性などの発達に何らかの特性（偏りやゆがみ）があることによって生じる不適応状態をさします。生まれながらの（生来的な）脳機能障害と考えられており、個人によりその特性の強さは違いますが、成長とともに進行することはありません。最近では「障害」ではなく、本人の「個性」としてとらえることで、その特性を伸ばす方法が模索され、公的な面も含めてさまざまな支援が行われるようになってきています。

発達障害は、脳の機能障害が関係している

発達障害にはいくつかの分類が存在しますが、本書では主に「ASD＝自閉症スペクトラム」「ADHD＝注意欠如多動性障害」「LD＝学習障害」を取り扱います。

主な発達障害の特徴とは

発達障害にはいくつかの分類がありますが、大きく「知的障害（精神遅滞）」「自閉症スペクトラム障害（Autism Spectrum Disorder）」「注意欠陥多動性障害（Attention Deficit Hyperactivity Disorder）」「学習障害 Learning Disorder」に分けられます。発達障害は、生まれつきの脳の機能障害が関係していると考えられていますが、まだその原因はわかっておらず根本的な治療方法はありません。発達障害には特徴的な認知特性があります。認知特性とは脳の情報処理機能の特徴や傾向を指します。思考だけでなく行動面の特徴がでます。

主な発達障害の特徴

知的障害は、知的能力の全般的な発達遅滞を指します。

運動面の遅れを伴う場合もあります。知的障害についてはすでに多くの解説や対応・支援についての情報がありますので、本書では省略しています。

自閉症スペクトラム障害（ASD）は、かつて「自閉症」「自閉性障害」「広汎性発達障害」「アスペルガー症候群」などの名称が用いられていましたが、これらをまとめて一つの連続帯（スペクトラム）と考えられるようになり、この名称が用いられることが多くなりました。ASDの認知特性は、「コミュニケーションの障害」「社会性の障害」「興味・活動の限定」という行動面の症状として特徴づけられています。コミュニケーションの障害は言葉をつかったやりとりの障害に加え、身振り・手振りなどの非言語的コミュニケーションに困難がある場合を含んでいます。社会性の障害は、社会的な場面に沿った行動をとれない、例えば、場の雰囲気を読むことができな

い、暗黙のルールが理解できないなどを指します。興味・活動の限定はいわゆる「こだわり行動」ですが、これは、物の一部分に強い関心を持つ（例えば車ではなく車のタイヤに興味を持つ、など）、物の置き場所や手続き・手順などにこだわる、という行動を指します。不安や緊張と関連した行動と考えられています。

　注意欠如多動性障害（以下ＡＤＨＤ）は「不注意」「衝動性」「多動性」という症状で特徴づけられる症状です。注意を一つに向けられない、注意を持続できない（気が散りやすい）、一つのものに集中すると他に注意を向けられない、という「注意力の障害」がその認知特性の一つとしてあげられます。「衝動性」「多動性」は互いに関係する行動ですが、落ち着いて座っていられない、他の人の話に割り込む、質問が終わる前に答えてしまう、よく考えずに行動するなどの行動によって特徴づけられるものです。

　学習障害（以下ＬＤ）は、知的障害が知的能力の全般的な遅滞を指すのに対し、知的能力の「部分的な」遅滞を指しています。知的能力には「読む」「聴く」「話す」「書く」「計算する」「推論する」などの機能がありますが、これらのうち一つ以上の領域に遅滞を認めるものを学習障害と呼びます。通常は学校教育の場面で「漢字が書けない」「算数ができない」などによって気づかれるものです。

　発達障害にはこれらの行動面の特徴あるいは認知特性がありますが、厳密に区別することが難しい場合もあります。

◆ 本書で取り上げる発達障害のタイプ ◆

ASD
（自閉症スペクトラム障害）

「コミュニケーションの障害」「社会性の障害」「興味・活動の限定」という行動面の認知特性があります

ADHD
（注意欠如／多動性障害）

「不注意」「衝動性」「多動性」という行動面の認知特性があります

LD（学習障害）

「読む」「聴く」「話す」「書く」「計算する」「推論する」などの機能の中で一つ以上の領域に遅滞を認める特性があります

発達障害は、併存していることもある

ASDとADHD、ADHDとLDというように併せ持っている場合もある。また、突発的で不規則な体の動きや発声をくり返す「チック障害」などと併存する場合もある

基本的な特性ー ASD＝自閉症スペクトラム障害（自閉症／高機能自閉症 アスペルガー症候群）

ＡＳＤ＝自閉症スペクトラム障害の子どもは、「社会的なやり取りの障害」「コミュニケーションの障害」「こだわり行動」という三つの特性（三つ組みの特性）が見られます。

知的な遅れや言葉の遅れのない場合が増えてきています。

自閉症スペクトラムの 基本的な三つの特性

1 人との関わり方が苦手
(社会的なやり取りの障害)

- 人と目を合わせない
- 名前を呼ばれても反応しない
- 相手や状況に合わせた行動が苦手
- 自己主張が強く一方的な行動が目立つ

2 コミュニケーションがうまくとれない
(コミュニケーションの障害)

- 言葉の遅れ
- 言われた言葉をそのまま繰り返す（オウム返し）
- 相手の表情から気持ちを読み取れない
- たとえ話を理解することが苦手

3 想像力が乏しい・こだわりがある
(こだわり行動)

- 言われたことに表面的に受け取りやすい
- 「ままごと遊び」をあまりしない
- 決まった順序や道順にこだわる
- 急に予定が変わるとパニックをおこす

ＡＳＤの基本的な特性とは

ＡＳＤ（自閉症スペクトラム）は、コミュニケーション能力や社会的な関係を作る能力、そしてものごとの応用力に偏り（こだわり）があります。幼児期は、人間関係がまだ複雑でないためにＡＳＤの特性が目立たず気づかれないこともあります。

しかし就学するころになると、空気が読めず周囲になじめなかったり孤立してしまうことがあります。

マイペースな対人行動

◆相手の気持ち・状況を考えないマイペースな言動が目立つ
◆人見知りしない
◆よく話すが、自分の言いたいことだけを中心に話す
◆思いついたことをそのまますぐに口に出してしまう
◆友だちと遊んでいても、飽きたり他に興味が移ると、途中でも平気で抜けてしまう
◆周囲からは、自分勝手でわがままと思われることが多い

早くて達者な言葉の発達

◆言葉の遅れがなく、むしろ早いことも多い
◆難しい言葉や漢字表現、英語表現を好む
◆年齢の割に大人びた言い方、ていねいな言い方をする
◆プロソディ表出の障害はないか軽い*1
◆反響言語は少ない*2
◆冗談・比喩はわかることが多いが、皮肉の理解は困難
◆言葉を表面的に受け取りやすく、言外の意味を理解しにくい
◆代名詞の理解が困難なことがある

*1 プロソディ=イントネーションやリズムのこと
*2 反響言語=言われたり聞いたりしたことをそのまま使うこと（オウム返し）

融通がきかない行動

◆「ごっこ」遊びやストーリーのある物語を作れるが、パターン化することが多い
◆気になったことを繰り返し言ったり、聞いてきたりする
◆決まりきった言動が多い
◆自分が納得したルールには誰でも守ることを要求しやすい

その他

◆注意欠如・多動性障害と同様の行動特徴（多動、注意力障害など）を示すことが多い
◆手先が不器用なことが多い
◆被害者的な言動が多い
◆文字が乱雑なことがある
◆教えていない文字が早く読めるようになることがある。

基本的な特性―ADHD

ADHD（注意欠如／多動性障害）は、「不注意」「落ち着きがない」「衝動的」という三つの基本的な特性がある発達障害です。ADHDは、LDや自閉症スペクトラム障害などの他の発達障害と併存している場合もあります。

ADHDの三つ基本的な特性とは

ADHDには、不注意、落ち着きがない（多動性）、よく考えずに行動する（衝動性）という三つの特性があります。ADHDの特性は、4歳～7歳前後に現れてくることが多いですが、中高生で気づかれることもあります。一方、多動があまり目立たず注意が集中できない注意欠如障害の子どもは問題行動がそれほど目立たず、青年期を過ぎてもきちんと診断されないこともあります。

不注意

- モノをよくなくす
- 細かいことに気が付かない
- 忘れ物が多い
- 話し声や教室外の音が気になって集中できない
- 整理整とんが苦手

多動性

- じっとしていられない
- 授業中も席を立ってウロウロする
- 静かに遊んだり、読書をしたりすることが苦手
- 手や足をいつもいじっている
- 授業中でも物音をたてたりする

衝動性

- 順番を待てない
- 列に割り込む
- 先生からあてられる前に答える
- 他の児童に干渉する

ADHDに対する注意点は？

1．感情的にならない

何度注意しても言うことを聞かない子どもに対しては、つい大きな声でしかったり手を上げたりしてしまいがちです。感情的にならずにしかる方がよいでしょう。

2．注意する回数を減らす

落ち着きのない子どもに対しては、つい何度も「よそ見をしない」などと注意をしてしまいがちです。まずは注意やしかる回数を減らしましょう。その上で、「ここぞ」というときを選んで、子どもの注目を引いてから注意することが効果を上げる場合もあります。

3．きつくしからない

「何度言ったらわかるの！」とどなったり、「ダメな子」と暴言を言ってしまったりしてネガティブな言葉で傷つけてしまわないように注意しましょう。できるだけ子どもの近くに行って、穏やかな声で子どもの注意をひきつけながら話しかけることで理解しやすくなる場合があります。

4．誤解しない

「今やろうと思っていた」、「さっきまであったのに・・・」などADHDの子どもがすぐにわかるようなウソをついてしまうことがあります。それはその場でしかられるのを避けるためにとった行動であり、親をだまそう・困らせようと思ってやっているわけではありません。ウソをつかなければならないような状況を作るのを避け、「言い訳することにも不器用な子」と考えて支援してあげてください。

基本的な特性―ＬＤ

ＬＤとは、英語のLearning Disorderの略で日本では学習障害と訳されます。脳の認知機能＝「読む」「聞く」「話す」「書く」「計算する」「推論する」といった機能のいずれかに不具合が生じたシステムの問題と捉えられています。

ＬＤの基本的な特性は、六つの能力の問題

ＬＤの基本的な特性は、知能全般は正常であっても「聞く」、「話す」、「読む」、「書く」、「計算する」、「推論する」といった六つの能力の一つ以上の修得や使用に障害がある状態を指します。ＬＤの特性は、同じようにあらわれるのではなく一人ひとり異なります。また他の発達障害と併存している場合もあります。

聞くことの障害

- 会話が理解できない
- 文章の聞き取りができない
- 書き取りが苦手
- 単語や言葉の聞き誤りが多い
- 長い話を理解するのが苦手
- 長い話に集中できない
- 言葉の復唱ができない

話すことの障害

- 筋道を立てて話すことが苦手
- 文章として話すことが苦手
- 会話に余分なことが入ってしまう
- 同じ内容を違う言い回しで話せない
- 話が回りくどく、結論までいかない

読む ことの障害

- 文字を発音できない
- 間違った発音をする
- 促音（小さな「つ」）や拗音（小さな「や」「ゆ」「よ」）を発音できない
- 単語を読み誤る（例えば「つくえ」を「つえく」と読んでしまうなど
- 文字や単語を抜かして読む
- 読むのが遅い
- 文章の音読はできるが、意味が理解できない

書く ことの障害

- 文字が書けない
- 誤った文字を書く
- 漢字の部首（へんとつくり）を間違う
- 単語が書けない、誤った文字が混じる
- 単純な文章しか書けない
- 文法的な誤りが多い（「てにをは」の誤りなど）

計算する ことの障害

- 数字の位どりが理解できない
- 繰り上がり、繰り下がりが理解できない
- 九九を暗記しても計算に使えない
- 暗算ができない

推論する ことの障害

- 算数の応用問題・証明問題・図形問題が苦手
- 因果関係の理解・説明が苦手
- 長文読解が苦手
- 直接示されていないことを推測することが苦手

発達障害は、成長とともに「変化」する

発達障害は「生涯続く状態であり、かつ変化しうる状態」である、とされています。多くは3歳ごろまでに特性に気づかれることが多いようです。

赤ちゃんの頃の特徴とは

発達障害は、多くは1歳6ヵ月や3歳の健診で「ことばの遅れ」をきっかけにその特性に気づかれることがあります。発達のマイルストーン（道しるべ）という、その年齢までに到達しているはずの行動に達していないことが発達障害の診断につながります。発達障害の症状は乳幼児期あるいは小児期に現れ、赤ちゃんの頃にもその特徴がみられることもあります。

赤ちゃんの頃の特徴としてあげられているのは「手のかからない子」「人見知りをしない子」というもの、あるいは「泣き始めるとなかなか泣き止まない」「人見知りが強い」というものです。正反対の特徴ですが、そのどちらも発達障害の子どもの乳児期にみられる特徴といえます。

言い換えれば、発達障害の特性は極端な行動に現れてくるということが多いようです。

気になるかんしゃく、気にならないかんしゃく

生後1年を過ぎると、赤ちゃんはいろいろなことに関心を持ち、自分でやってみよう、確認してみようという気持ちが強くなります。その際にうまくいかない、あるいは思い通りにすすまないときに子どもはかんしゃくを起こすことがあります。子どもはその体験からいろいろなことを試してみることを学びますし、かんしゃくを起こすことでかんしゃくを抑えること、すなわち自分の感情をコントロールする（だれかに慰めてもらうなどでコントロールしてもらうことも含む）ことを学びます。なぜかんしゃくを起こしているのか、あるいはなぜかんしゃくが収まらないのかを周囲の大人が了解できるようなかんしゃくは、気にしなく

てもよいかんしゃくです。

気になるかんしゃくは、パニックとも呼ばれる状態で、上記とは反対に、どうしてかんしゃくを起こしているのか了解できない、通常のやりかたでかんしゃくがおさまらない状態です。このような場合、私たちの想像を遥かに超えるフラストレーションや葛藤を子どもが体験しているという可能性があります。

発達障害の特性の一つに「感覚の過敏性」があります。これは、あらゆる感覚（見たり、聞いたり、触ったりいわゆる五感）が非常に強く、あるいは歪んだ形で感じられるという体験を意味しています。小鳥のさえずりがジェット機の轟音のように聞こえたり、抱っこされることがざらざらしたムシロにくるまれている感覚のように感じたりすること、これが感覚の過敏性です。感覚の過敏性が幼児のかんしゃくにつながっていることもあります。気になるかんしゃくは発達障害の特性を示すサインの一つかも知れません。

集団行動には注意が必要な理由

幼児期には、保育園や幼稚園、あるいは習い事などで、子どもの集団の中で過ごす時間があります。その際に集団行動が上手にできるかどうかという点も、発達障害特性に気づく上で大切な意味を持ちます。例えば、他の子どもにまったく関心を持たない、ひとりで遊ぶことを好む、集団でのお遊戯などでかたまったり逃げ出したり、指示にうまくのれない、などの行動は発達障害の特性を示すサインと考えられます。

発達障害の診断をつけることを急ぐ必要はありませんが、発達障害の特性に気づいて支援を考慮することは早いほうがいいと思われます。

気になる「かんしゃく」の例

初めての場所では、よくかんしゃくを起こす

考えられる理由　予定が突然変わる、急に外出するなど普段と違う行動が理解できていない場合がある

話しているうちに、大きな声を上げてしまう

考えられる理由　言われていることが理解できない場合がある

何もしていないのに突然かんしゃくを起こす

考えられる理由　何かしてほしいことがある、何かほしいものがある、何か気づいてほしいことがあるのに自分の意思や要求が伝えられない場合がある

いつもと違う部屋で食事をしようとすると、大きな声をあげる

考えられる理由　空間の雰囲気・様子が突然変わったので何をすればいいのかわからない場合がある

テレビの音量を変えただけでかんしゃくを起こす

考えられる理由　（子どもにとって）不快な音や声が聞こえる場合がある

さまざまな支援を積極的に利用しよう

特性のある子どもを支援するさまざまな公的サービスや機関があります。
子育てや学校選びに不安やとまどいがあったら積極的に利用しましょう。

公的機関を積極的に利用する

発達障害のある子どもには、就学前にも就学後にもさまざまな支援が必要です。そうした支援を保護者だけで行うことは難しい場合が多いからです。公的機関を積極的に活用しましょう。

就学前には、各市町村にある保健所や児童相談所で相談できます。地域の子ども発達センターなどでも定期的に発達相談や二次検診を行なっていますので、まず電話で相談してみましょう。

また、都道府県にある精神保健福祉センターでも子どもの発達や行動面の問題について相談することができます。センターは小学校高学年以上が対象となり、家庭内暴力や引きこもりなどの相談が中心になります。子どもと一緒に相談に行くときは、どんなところか、何をするところかを子どもに説明して、不安を取り除いてあげることも重要です。

相談できる公的機関

◆保健／医療機関

地域の保健所や保健センターでは子どもの発達の相談にのっています。乳幼児期だけでなく学童期でも相談できます。医療機関では小児神経科や児童精神科が専門に看てくれますが、近くにない場合は、まず、かかりつけの小児科に相談しましょう

◆児童相談所

各自治体に設置してあり、18歳未満の子どもに関するさまざまな相談に応じる機関。教育や生活全般、子どもの発達状況や障害に関する相談や悩みなどに幅広く対応しています
http://www.mhlw.go.jp/support/jidousoudan/

◆発達障害者支援センター

発達障害児（者）への支援を総合的に行う専門機関。保健、医療、福祉、教育、労働などの関係機関と連携し、発達障害児（者）と、その家族からのさまざまな相談に応じ、指導と助言を行っています
http:// www.mhlw.go.jp/seisaku/dl/17a.pdf

◆精神保険福祉センター

心の健康相談（引きこもり、精神障害など）の窓口で、各都道府県に一つ以上は設置されています

◆大学の研究室に併設された総合相談センター

発達障害に関する相談窓口を持っている大学もあります
例：東京学芸大学教育実践研究支援センター
（電話相談窓口がある）

利用の可能性が考えられる公的な援助

療育手帳制度

（都道府県により「愛の手帳」「みどりの手帳」など名称が異なる）

知的発達に遅れがあり、社会生活の適応がむずかしい人が対象。１～５年の更新制。子どもの発達の程度によって受給基準の該当からはずれることもあります。

精神障害者保健福祉手帳制度

精神の障害があり、長期にわたって日常生活や社会生活に制約がある人が、福祉の援護を受けやすくすることを目的に交付されます。

特別児童扶養手当制度

身体や精神に障害がある20歳未満の児童を育てている人を対象に、月々一定の手当を支給する制度。障害の程度により１級と２級に分かれています。

小学校・中学・高校での特別支援教育

特別支援教育とは、発達障害などの特性のある子どもを対象とする教育的な支援のことです。小学校・中学校ではその体制が整備されつつありますが、高校は義務教育でないため、公立・私立でさまざまな学校が存在しています。高校への進学を考える場合は、希望する高校にどのような支援体制があるのかを事前に確認したり相談したりすることが大切です。

小学校 の場合

通級

通常のクラスで授業を受けるが、支援が必要な科目は特別支援学級で行なう。途中で特性に気づいた場合には、通級によって支援を受けることもできます

特別支援学級

特別なカリキュラムによってサポートするクラス

特別支援学校

視覚、聴覚、知的、肢体不自由など通常の小学校では学習が困難な場合に通います

通常学級

特性があっても支援を受けずに通常の学級で学校生活を送っている子どももいます。授業についていけたり生活の困難な場合、特性に気づかないこともあります

高校の場合

義務教育ではない高校には、通級や特別支援学級はありませんが特別支援教育が広がりつつあります。高校進学を考える場合は、親の目線ではなく子どもの特性に合わせて検討しましょう

全日制の一般校

一般の高校では特別支援教育は始まったばかりです。入学前に進学を希望する高校に支援体制や支援の具体的な内容などを確認しましょう

特別支援学校の高等部

小中の特別支援学校と同じように支援を受けられます。卒業後の就労を目指した授業も行なっています。学校によって特色が違うので、入学を考えたなら事前に見学や相談をしましょう

通信制・定時制、チャレンジスクールなど

授業や生活面で比較的柔軟な対応を受けられます。学校により不登校や学業不振、発達障害とそれぞれに強い分野を持っています。そのように特徴はさまざまです。入学を考えたなら事前に見学や相談をしましょう

中学校の場合

通級

通常のクラスで授業を受けるが、支援が必要な科目は特別支援学級で行なう。途中で特性に気づいた場合には、通級によって支援を受けることもできます

特別支援学級

特別なカリキュラムによってサポートするクラス

特別支援学校

小学校卒業後そのまま進みます

通常学級

特性があっても支援を受けずに通常の学級で学校生活を送っている子どももいます。しかし、中学校へ上がると学習内容や対人関係が難しくなり、早めに支援してあげることが大事になります

解説1

就職の準備をいつ始めるか？

鈴木慶太

1. 進学先と住む地域で異なる就職準備の開始時期

就職準備の開始時期はお住まいの地域によって異なるかもしれません。首都圏の場合は概ね大学・専門学校に進学するため遅め、一方で大都市圏以外にお住まいの方の場合は高卒時に就活するお子さんが多いため、概ね早めになると思います。

地域を問わず特別支援学校の高等部に入る場合は18歳で就職活動をすることがほぼ確実です。特別支援学校では通常、カリキュラムも就職一辺倒になります。このため15歳で支援学校に入学した時から「18歳になったら働く」という良い意味での刷り込みがされますので、親も就活についての多くを学校に任せることができます。障害者枠での就活ということも特別支援学校に進学した時点で概ね決まります。可能性が狭まるという側面はありますが、将来のルートとしては確実で見通しが立ちやすい選択肢です。

もちろん一般の高校の卒業前後に就職活動をすることもあると思います。一般の高校に行くお子さんの場合は勉強もしつつ、かつ一般枠か障害者枠かということで、親も迷いながら就活に備える必要があります。特別支援学校に比べて可能性は広がりますが、親のすべきことも増えてきます。一般の高校の場合、学校には障害者枠の情報はほとんどないと思われますので、親が奔走する形になりますし、多くは卒業後に就労移行支援など福祉機関につながることが多いでしょう。

他方、首都圏にお住まいの方の場合は、特別支援学校や高卒後すぐに就職という選択肢を選ばれる方は少数派と思われます。大学全入時代と言われ療育手帳がある場合でも、大学や専門学校に進むことは可能になっている世の中になっていることもありますし、知的障害を伴わない発達障害のお子さんが多数派になっているという現実もあります。いずれにせよ大学・専門学校に進学した場合は、20歳前後で就活をすることになります。

　なお、通常の高校でもなく、特別支援学校ではない学校はここ最近非常に増えています。そのうちの一つが、特別なケアを必要とする生徒への支援教育を実施している公立高校です。名称は都道府県によって異なり、東京都では「チャレンジスクール」「エンカレッジスクール」と呼ばれています。このほか発達障害の子どもをサポートしてくれる民間のフリースクールなどもあります。フリースクールやチャレンジスクールを出たお子さんも大学や専門学校に進まれるケースが首都圏では主流になりつつあると思います。

　進学がすべてではなく、18歳で就職をする方が良い場合もありますが、ひところ言われたように発達障害のある場合は進学をせず、18歳の時に就職すべきだというのはやや時代遅れになりつつあります。専門家の意見を聞き、時代や地方の状況を加味したうえで、お子さんの状況にあった学校を選び、将来につなげていくことが良いでしょう。

2. 小さいころからキャリア教育を始める理由

　発達障害があると、社会のルールを理解したり、仕事をする自分を想像したりする力が弱いのが実際です。このため、Ｋａｉｅｎでは、小学１年生から始めるキャリア教育のプログラムを用意しています。発達障害の傾向があるからこそ、大人になった自己像を、はやめにつけてあげる必要があると思っています。

　発達障害のないお子さんの場合は、学校などの集団生活の中で社会のルールや上下関係などを自然と身に着けていくのですが、発達障害の傾向があると学校は学校、職場は職場でルールを教える必要があるということです。難しい言葉を使うと、汎《はん》化《か》が苦手な人たちが発達障害の人たちともいえます。学校や習い事で学んだ人間関係を将来、会社社会で実践するのが苦手なわけです。このため、会社に似た環境で人間関係やコミュニケーションのルール、役割分担などの方法論を教える方が、効果が高いといえます。

もちろん、幼いお子さんの場合、キャリア教育といってもどの仕事が向いているかという具体的なことはあまり重要ではありません。むしろ、将来社会人として働いていくために必要な基盤を育成することが必要です。

例えば、会社組織やその中での上下関係、チームとして動いていくなかでの自分の役割といったことをわかりやすく学べるようにプログラムを組んでいます。

中高生になってからは、徐々に身につけた社会性に、どのような専門性を身につけていくかという次の段階に入ります。ソフトスキルの上に、ハードスキルを載せていく形です。2段階のキャリア教育を通じて、自分が得意なこと、自分に向いている仕事は何かを見つけることができるようサポートしています。

3. 実際に社会で活躍している人の姿を見せて理解してもらう

実際に仕事で活躍している発達障害の人の姿を見せてあげることも有効です。将来、お子さんに何をさせたいかを考える時、まずはいろいろな事例（つまり人物）を見ることが一番効果的です。Ｋａｉｅｎでは「ようこそ先輩」と呼んでいるプログラムを設けています。すでに働いている人に来てもらい、体験談を話してもらうプログラムです。

「ようこそ先輩」では高校生や大学生が自分より5歳くらい年上の人と会って話を聞けます。特性を持つ人は、将来の自分像をイメージすることが苦手なのですが、実物を見ると将来が想像しやすくなります。先輩たちの生の話を聞き、実際の姿を見ることで、仕事というものを頭の中で具体化して理解していくことができるようになり、自分が進むべき方向を見定めることができるようになります。

保護者の方にしても、発達障害のある人が働いている職場や仕事の内容は、ほとんどご存じないのではないでしょうか。そのため、就職の準備をどのようにしたらいいのかわからず、必要以上に不安になっている場合も多いのです。Ｋａｉｅｎのような支援施設で、実際に働いている先輩の話を聞き、さまざまなケースを知ることは非常に重要だと思います。話を聞くことで、落ち着いて子どもの将来の道筋を考え、それを子どもに伝えることができるようになるはずです。

第2章

将来の自立・自活へ向けた進路選びとは

中学卒業後の進路を考えるうえで一番大切なことは、将来の自立や自活を目指すかどうかです。子どもは、いずれ社会へと旅立ち自立し自活します。中学卒業後にどのような進路を選ぶかということはなるべく早い段階で決めて準備することが大切です。

子どもの「進路スケジュール」を作ってみよう

子どもの進路をどうするのか、目で見て確認できるように「進路スケジュール」を作ることで具体的に行動に移しやすくなります。

13〜15歳

中学校

- 現在の状況
- 通常学級
- 通級
- 特別支援学級
- 特別支援学校

中学２年生になったら準備を始める

中学卒業後の選択肢は就職、高校、就職に必要な技術を学ぶ専門学校など幅広くなる。本人の状態、希望などを考慮して決める

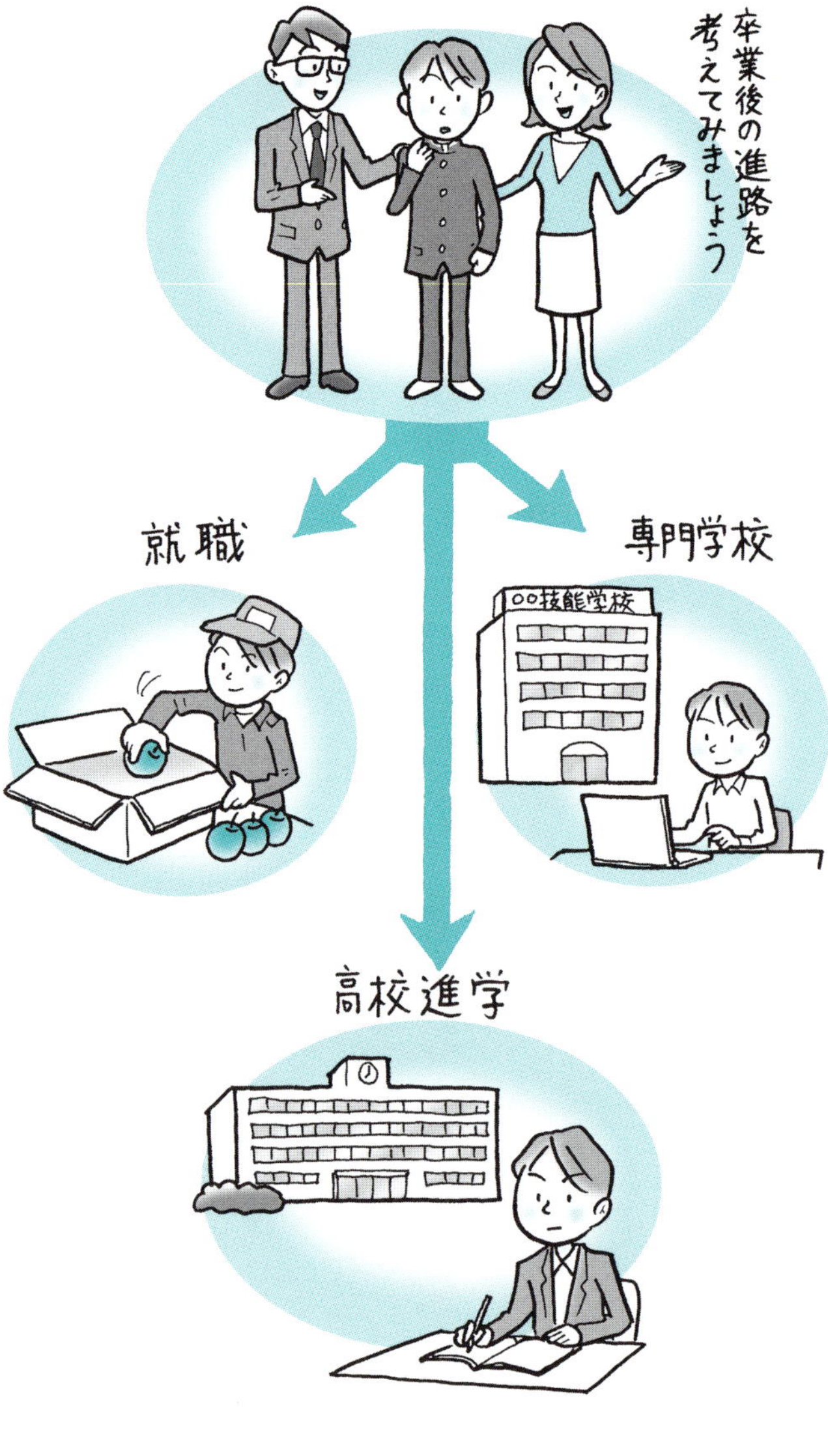

16〜18歳

高 校

高校の選択は、その後の進路に対して非常に大きな影響があるので、慎重に選ぶことが重要になってきます

- 全日制の一般校
- 普通科
- 工業高校
- 商業高校
- その他の実業高校
- 特別支援学校の高等部
- 通信制・定時制・フリースクールなど

*高卒後に就職を考える場合は、必要な技術や社会スキルを身につける

高校卒業後

専門学校・大学進学

障害があることを申告すれば、入学試験や授業でも特性を考慮した配慮が受けられる

就職し自立へ

就労支援制度や福祉制度を利用して適性に合った仕事に就くこともできる

就職な必要な技術や社会スキルを身につける

○○専門学校
進学して専門知識を伸ばす
支援制度を利用して就職する

20歳〜

自立・自活へ

パソコンの技能を活かした仕事がしたい

子どもの気持ちを尊重して準備する

中学卒業後の進路は、本人の特性や適性を考えて保護者や担任の先生と相談することが基本になります。できるだけ子どもの気持ちを尊重することで、本人のやる気も違ってきます。

気持ちを尊重することと放任は違う

中学卒業後の進路をどうするかということは、特性の有無にかかわらずすべての子どもにとっても大きな問題です。しかし、発達障害のある子どもにとっては、将来の自立・自活に直結するだけに慎重に決める必要があります。

発達障害の子どもは、特性のために自分の能力や適性を客観的に判断することが難しい場合があります。そのために進路を考える場合も現実離れしていたり、こだわりが強く自分の適性にまったく合わない進路を選択してしまう場合もあります。

例えば、大きくなってからもテレビに出てくるタレントや俳優など芸能人になりたいと言い出したり、好きな電車に毎日乗れるからとか建物の色が好きだといった理由だけで就職先を選択してしまうことがあります。子どもの気持ちを尊重するといっても、これでは周囲を困惑させてしまうだけです。本人の希望だからと適性に合わない進路を選択してしまえば結局後悔することになってしまいます。本人の気持ちを尊重することと放任はまったく違います。本人の希望を確認し、その上で現実的な進路を選択し、本人が納得できることが一番重要になります。本人が納得できればやる気がわいてくるはずです。一緒に目標へ向かえる支援体制をとってあげましょう。

現在の子どもの状態をしっかり把握する

進路を決定するうえで重要なことの一つは、子どもの特性とのマッチング（相性）です。特性のある子どもは、本人の努力だけでは乗り越えられない分野があります。例えば他人とコミュニケーションをとることが苦手で融通がきかない自閉症スペクトラムの特性のある人は、接客業には向かない場合があります。逆に子どもの特性に合った進路へ進めば、その後も順調に成長していくことができるはずです。

そこで進路を決定する前に、「得意なこと」、「苦手なこと」を整理して客観的に現在の子どもの状態を把握しておく必要があります。

家庭内で「得意なこと・苦手なこと」、学校で「得意なこと・苦手なこと」を保護者と学校の先生を交えて話し合い、支援者などのアドバイスなども交えて、時間をかけて準備することが大切なのです。

「得意なこと」と「苦手なこと」を書いて整理してみようか！

中学卒業後の進路選択は、早めに決めて情報を集める

中学を卒業すると、進路の選択肢が多くなります。進路の選択の準備は早めに決めて早めに行動を開始しましょう。

中学2年になったら進路を考えよう

発達障害のある子どもの場合、他の子どもにくらべて進路の決定までに時間がかかる傾向にあります。なぜならば、本人が意志決定までに時間がかかる場合が多いのと、成長期（思春期）には特性のあらわれ方が変わってくる場合もあり、特性や状態を見ながら進路を決めていく必要があるからです。

具体的には中学2年の夏休み後を目安に学校とも協力して子どもの興

高校進学を決めた場合

Step 1

進学先を探す（情報収集）

- 中学の先生に相談
- 案内書、HP、受験ガイドなどで確認
- 高校の説明会
- 公開授業
- 先輩、知人などからも情報収集

味があることや学力などを把握することから始めましょう。進路の選択を早めに決めることで準備期間を長くとれるメリットがあります。

受験時の配慮は？
卒業後の進路は？
支援体制は？

Step 3

進学先を決定する

- 進学先の先生に受験について確認する（配慮など）
- 高校の支援体制などを直接聞く
- 高校卒業後の進路などの情報も聞く

Step 2

進学先を絞る

- 実際に候補先の高校を見に行く
- 場所、在校生や雰囲気などを実際に感じることが大事

受験する高校の様子を見てみようね

進路面談で確認しておきたいこと

中学校の先生と話し合う進路面談は、先生と保護者が一緒に子どもの将来を考える貴重な時間です。話し合いの場では確認しておきたいことがあります。

気になることは率直に聞いてみよう

義務教育は中学校までです。そのため中学校の3年間は社会に出ていくための基礎教育が行なわれます。

中学校では卒業後の進路相談が開かれます。子どもの将来のためにも、保護者向けに行なわれる進路相談には積極的に出席しましょう。中学では保護者とのさまざまな面談の機会を設けています。そうした機会をとらえ、顔を出すことで先生との間にも信頼感が生まれるはずです。保護者と先生の間に信頼感が生まれれば、気になる子どもの様子や進路についても率直に聞くことができるはずです。

進路面談で聞きたいことは、あらかじめノートなどにメモしておくなど整理しておきましょう。

子どもを交えた面談で注意すべきこと

学校で行なわれる進路相談では子どもを交えた三者面談も開かれます。そうした場では、親の意見を押し付けるような態度は禁物です。特性のある子どもは、命令口調や否定的な言葉づかいに必要以上に拒否感を感じてしまう場合も多いのです。まずは子どもの話しに耳を傾けると言った姿勢で臨みましょう。

また、面談の場では一方的に保護者の希望を話したり先生の話しを否定する、といった態度をとってしまうと感情的に対立してしまうこともあります。その場で最終的な結論を出すのではなく、あくまで話し合い協力していく過程ととらえましょう。

◆ 率直に聞いてみましょう ◆

得意な科目
現在の学力
苦手な科目
教室の中での様子
気になる点
友人関係
進学先（就職）についてなど

高校を選ぶときに注意したいこと

高校進学を検討するときは、本人の特性と支援のマッチング（相性）が大きなポイントになります。支援体制の有無など親子でしっかり確認しましょう。

志望校選びは早めに始めて目標を持たせる

義務教育の中学と違い、高校には全日制、通信制、高等特別支援学校、特別支援学校（高等部）など選択肢が大きく広がります。全日制にも普通科の他に工業科、商業科などの実業科があります。高校を選ぶことは、そのまま将来の進路に直結することになります。本人の将来設計を考えて慎重に検討しましょう。

先のことを見通す力の弱い子どもの場合は、早めに志望校を絞り、一緒に学校訪問して雰囲気や先輩の話しを聞いてみることが大事になります。実際に高校を訪問したことで、子どもは具体的に進学先を知ることができ、高校生活に対する不安が軽減されたり受験の準備をしやすくなる場合があります。

進学先情報の集め方

高校進学や進路に関する情報は多ければ多いほど選択肢が広がりますが、
情報の集め方にはコツがあります。

国の制度
全国一律の制度を知るには、主に教育関連の本や専門書など

地域の情報
近隣の高校についての基本情報は、中学校や教育委員会などの関連機関など

高校の現状など
保護者会や発達障害の親の会、医師や保健師などとの情報交換や口コミ、インターネットなど

支援の有無が重要

高校は知名度などにこだわるよりも子どもとのマッチング（相性）を考えて選ぶことが重要になります。発達障害の診断をオープンにして進学する場合、高校を訪問するときに大事なことは、発達障害に理解がある学校なのか、支援体制が整っているか、など支援について確認することです。現在、高校の支援体制は一律ではなく学校によって大きく違います。

支援担当の先生や校長先生など相談の機会をもうけてもらい、過去の支援の例や実際に支援を受けている先輩の話しや親の会なども参考になるでしょう。また、卒業後の進路についても確認するようにしましょう。大学への進学率が低くても、特定の企業や業種に強い高校の場合は、その後の進路が具体的に見えてくるはずです。

高校入試には特例申請もある

公立高校の場合、障害のある子どものための特例申請という制度があります。受理されると特性に応じた配慮が受けられるようになってきています。

特別申請することで実力が正しく発揮できる!?

高校に進学するためには入学試験に合格する必要があります。しかし、特性のある子どもは通常の入学試験では本来の実力が正しく出せない場合があります。

そこで、入学試験の方法や条件を変更してもらい不利益を受けないように配慮してもらうのが特例申請です。

特例申請は、発達障害の診断があり本人にも告知されている場合は、

特例申請まで（東京都の場合）

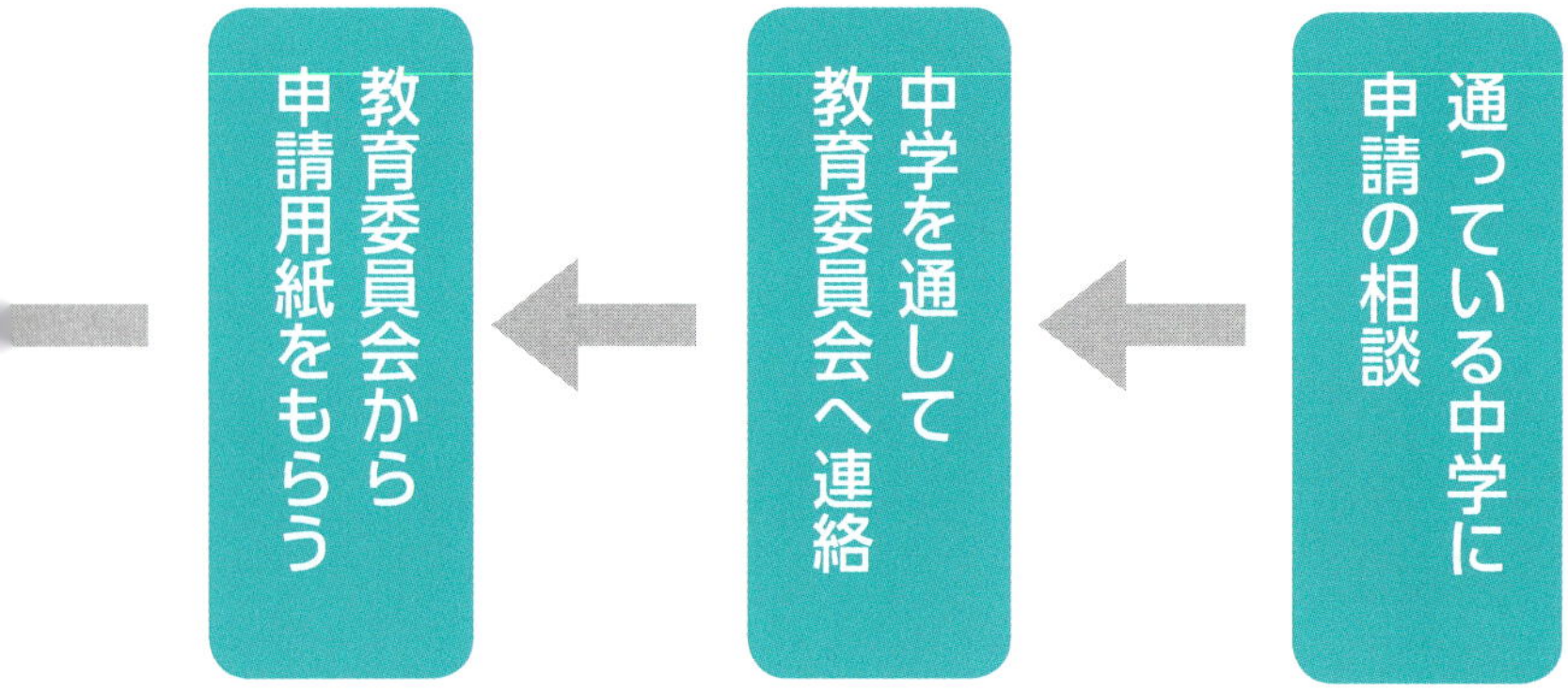

通っている中学に申請の相談
中学を通して教育委員会へ連絡
教育委員会から申請用紙をもらう

入学試験で何らかのご配慮をお願いできないでしょうか
特例申請をしたいのですが…
それでは申請用紙をお送りします
申請用紙です

必要書類をそろえて受験先の高校に申請します。特例申請が受理されると、他の受験生がいない教室で受験を受けることや、特性に合わせた問題を用意してもらえるといった配慮が受けられます。特例申請を出して合格した場合は、学校側も支援が必要な生徒として、学習や生活指導をはじめさまざまな支援をしてくれるはずです。

自治体にもよりますが、特例申請で注意すべきことは、特例申請は受験の願書提出よりも早い場合が多いことです。志望校が決まったら、担任の先生を通して特例申請の提出時期を必ず確認しましょう。

申請書は中学を通して教育委員会へ提出　←　**教育委員会から中学へ受理の返事**　←　**特例受験へ**

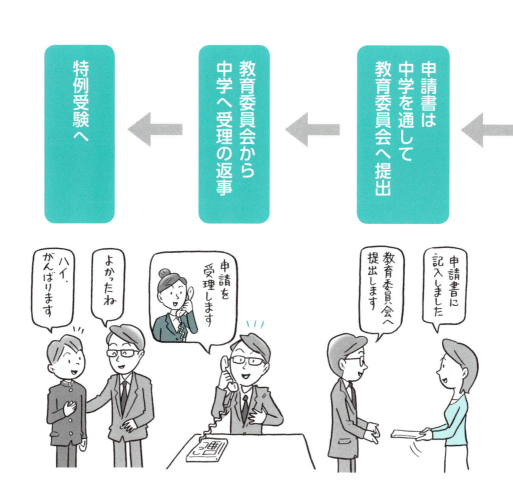

将来のことを考え過ぎない「ほどほど支援」を心掛けよう

子どもの将来のことを早めに準備することは大切なことです。しかし、子どもの現状を見て必要以上に不安になる必要はありません。無理をせず「ほどほど」を心掛けて子どもをサポートしていきましょう。

保護者もストレスを逃がす工夫をしよう

受験を控えた子どもの保護者は誰でも不安になるものです。まして特性を持つ子どもであれば、保護者や家族もまた大きなストレスを抱えています。

毎日の暮らしの中で起きるさまざまな問題への対処、子どもの将来に対する不安感、あるいは家族や身内からも「わかってもらえない」といういらだちや孤立感……。一生懸命がんばっているお母さんや保護者ほど大きなストレスを溜めてしまっていることが多いのです。

子育てのストレスがひどくなると、うつ状態に陥ってしまう場合もあります。うつ状態が続くと、子育てや家事などへの取り組む意欲が大きく低下してきたり、物事に対して否定的に考えたり、将来への不安から何も手につかなくなってしまうようになります。

ひどい場合は、子育てを放棄してしまったり、子どもに対して虐待行為をしてしまったり、夫婦関係・家族関係の崩壊にまでつながる場合もあります。さらに家族がストレスを抱えてしまうことは、子どもにも大きな影響を与えて不安定になってしまいます。

「ほどほど支援」で長くサポートする

特性の有る無しに関わらず、子育ての環境を整えるためには家族の精神的な健康（メンタルヘルス）を維持することが重要なのです。

なにかとつまずくことが多い子どもを見ていると、将来を考えてしまい必要以上に一生懸命になり過ぎたり神経質になってしまうこともあるでしょう。しかし、「〜すぎ」はかえって状況を悪化することになりかねません。

度を越えた介入や指導は、例えそれが手助けであっても子どもにとってストレスを与えることになってしまうことがあります。

子どもの将来を考えて早めに行動することはとても重要なことですが、必要以上に考えて子どもに押し付けてしまうのは禁物です。サポートしているお母さん自身が疲れを感じたら、お父さんやほかの家族に子どもの世話を分担してもらいましょう。

上手に気分転換することも必要です。

お母さんが「疲れた」「体が重い」と連発するようになった、ふとんからなかなか起きてこられなくなった、眠れなくなった、子どもをたたいたり大きな声でしかったりすることが急に多くなった……。普段とは違うこのような様子に気がついたら、お母さんの負担を軽くするように努めましょう。

無理に頑張らせたりお母さんを責めたりすることは避けてください。このような状態はうつ状態の可能性がありますので、お母さんに休養してもらい早めにお医者さんに相談することが必要です。

子育てには、「終着点」も「近道」もありません。特性があったとしても、必要以上にがんばらずに「ほどほど」を心掛けましょう。「ほどほどサポート」で、子どもも家族も、お互いに自分のペースで成長・発達していくことをめざしましょう。

Column

うつや二次障害を防ぐ

理解と支援があれば、うつは防げる

いつも叱られてばかりいたり、失敗を繰り返していると、うつやさまざまな二次障害を起こしてしまう場合があります。うつを防ぐために必要なのは、なんといっても身近にいる理解者による支援です。

特性のある子どもの保護者としては、子どもの進学や進路を考えると「しっかりしなさい」「このままじゃ、高校へ行けないわよ」などと叱りたくなることもあるでしょう。しかし、特性は本人の努力だけではどうにもできません。

子どものようすがいつもと違っていると感じたら、まず子どもの話しを聞いてあげましょう。話を聞いて理解してあげることが、うつや二次障害を防ぐことにつながる場合が多いのです。ときには家族より専門の支援者や医師の方が相談しやすいという場合もあります。そこで、日頃から子どもの状態をよく知っている支援者や医師などと連携しておくことも必要です。

主な二次障害

●うつ病

勉強にも趣味にも興味がわかない状態。専門医の診療を受ける。治療法は薬物療法、精神療法など

●強迫性障害

こだわりが強迫観念となり、極端な行動を繰り返す。専門医の診療を受ける。治療法は薬物療法、認知行動療法など

●統合失調症

幻想や幻聴が現れ、問題行動を起しやすい。早期に専門医の診療を受ける。治療法は薬物療法、など。

●ひきこもり

ひきこもりは病名ではなく、状態を指す。厚生労働省の定義では、6ヵ月以上家にこもり会社や学校に行かず、家族以外の人と親密な関係を保てない状態を指す

●その他の二次障害

摂食障害、睡眠障害、頭痛、腹痛など。専門医の診療を受ける必要がある

第3章

子どもの特性や状態をしっかり把握する

学習面はもちろん、生活面においても子どもの特性や状態をしっかり把握しておくことが将来の進路を判断する材料になります。そのためには、専門家や学校の先生など第三者の意見を聞くことも必要になります。

子どもの得意、不得意を把握して支援する

学習面や生活面において子どもの得意なこと、不得意なことを親子で確認することが、その後の進路選択に大きな影響を与えます。

学習面での特性を把握する

高校へ入学するためには、基本的に入学試験を受けて合格する必要があります。

発達障害の子どもは特性によって得意なこと、不得意なことがはっきりしている場合があります。小学校までは授業についていくことができていても、中学に進学してから急に授業についていけなくなってしまうこともあります。

また、好きな科目と嫌いな科目が

はっきりしている場合があります。あるいは、人の話を聞くことが苦手で先生の話していることが理解できずに授業についていけなくなってしまう場合もあります。

「不注意」「落ち着きがない」「衝動的」という特性が見られる子どもは授業中にじっとしていられず立ち上がって机から離れてしまったり、周りの生徒に話しかけてしまうこともあります。なかなか一つの課題に集中できずに授業に身が入らず、やがて授業についていけなくなってしまう場合があります。

中学に進学して成績が急激に下がったからといって、必要以上に落胆したり、強く子どもを叱っては子どもが大きな劣等感を感じてしまう場合もあります。

子どもの成績が下がったり、学校に行くのを嫌がるようなら、先生と相談して特性に合わせた支援をする必要があります。

自宅での状態の変化を見逃さない

いわゆる思春期になると、子どもは小学校まではまったく違う扱いを受けるようになります。「もう中学生でしょ」「中学生なんだから自分でしなさい」と、大人扱いされることが増えます。思春期には、こうした変化にとまどい大きな劣等感を感じたり、不安からこだわり行動が強く出てしまう場合もあります。

中学に入って特性が強く出るようになったと感じたら、子どもが劣等感や不安感を増大している場合もあります。保護者ができる支援とは、できないことを責めるのではなく、できることを認める、上手になったことを誉めてあげることが基本的な対応になります。支援とは家庭と学校がじょうずに連携して情報を共有し役割分担をすることです。

将来に備えて基本的なスキルを身につける

発達障害の子どもは服装や身だしなみに強いこだわりがある反面、極端に無とん着な面もあります。ルールとして教えることで覚えやすい場合もあります。

身だしなみチェックを朝の習慣にする

中学生になると、自分やまわりの服装や「身だしなみ」が気になってきます。また、服装や身だしなみが原因でいじめにあってしまう場合もあります。外見を整えることは、学校の中で良好な人間関係を築くためにも必要なことです。なぜ、身だしなみを整える必要があるのかを説明するよりルールとして覚えるように教えましょう。毎朝、登校前に身だしなみのチェックリストを活用することで、将来的に習慣となる可能性が芽ばえます。

◆1週間のスケジュール表◆

土	金	木	水	火	月	日
学校（午前中のみ／夕食は家族で外食）	学校	学校	学校	学校	学校	休み（月曜の準備など）

◆1日のスケジュール表（モデルケース）◆

1日のスケジュール表を作ることで、
規則正しい生活習慣が身につきます

6時30分	起床、歯みがき、洗顔、髪をとかす
7時00分	朝食
7時30分	家を出る
8時30分	始業
12時15分	給食／昼休み
13時00分	午後の授業
15時00分	終業
16時00分	部活動や趣味の時間
17時00分	下校する
18時00分	帰宅
19時00分	夕食
20時00分	宿題、明日の準備など
21時30分	入浴（毎日シャンプーする）
22時00分	就寝

行動スケジュールは、目で確認できるように

自閉症スペクトラムの特性が強いと、次に自分がすることがわからないと不安を感じてしまう場合があります。そこで、1日のスケジュール表を作って時間の流れの感覚を身につけるようにしましょう。

1日のスケジュール、週間スケジュール、月間スケジュールというように内容を増やしていくことで、毎日の習慣も身につきます。ここで、注意することは、スケジュール表であまり細かく決めてしまわないことです。細かく決めてしまうと、余裕が無くなり時間通りに進まないとパニックを起こしたり混乱してしまう場合があります。また、趣味の時間も入れましょう。時間の区切りに余裕を持たせ1日のペース配分をつかめるようにしましょう。

学校内での基本マナーを再確認する

学校で過ごす基本マナーを身につけることは、次のステップとなる進学や就職などを考える上でとても大事なことです。

始業前のホームルームで、1日の予定を確認する

学校で過ごす基本マナーを身につけるためには、学校の先生の支援が欠かせません。学校と家庭が連携して支援することが基本になります。

朝のホームルームの時間などでその日の予定や変更時間を伝えて確認しましょう。特性のある子どもは、1日の予定がわかっていると、安心して行動できます。変更がある場合は、時間割も変えておくようにします。学校での基本的なルールやマナーを身につけることは、中学に入ってから始めるのではなく、小学校に入学したら始めることが大切です。したがって、保護者は小学校時代のことやルールを中学の先生にもしっかり伝えておく必要があります。中学に入ったら、今まで身に付けてきた基本マナーを再確認したり必要に応じて修正することを考えましょう。

授業開始や終わりのあいさつはしっかり行なう

授業が始まってもぼんやりして、授業に入っていけない場合もあります。

先生が「国語の授業をはじめます」と授業開始のあいさつをしっかり行なうことで、授業に入っていきやすくなります。

そして、言葉だけではなく黒板に今日は○○ページから○○ページまで勉強します、と今日の授業の目安を書くことで授業の進み方を確認できて安心します。

また、授業の終わりは、少し早めにするように習慣づけましょう。そのときに「机の上の教科書とノート、筆記用具を片づけてチャイムがなったら、トイレへ行って次の授業に備えてください」と指示を出します。

教室の見えやすい所に、「授業が終わったら、次の授業の準備をする」、「休息時間は必ずトイレに行く」など授業や休憩時間のルールを貼り出して視覚化しておくことで安心して行動できます。

整理整とんは自宅と同じ方法を認める

特性のある子どもの中には、整理整とんが苦手な場合があります。「机の上はいつもきれいに」などと叱るだけではなく、どうすれば片づけやすくなるかを工夫して子どもが納得する方法を考えましょう。

自宅と同じように学校でも机の下に整理箱を置くことで、すぐに片づけられるようになる場合もあります。また、休み時間などで席を立つときには、机の上に何も置かないように習慣づけることで効果が上がることもあります。

授業中のルール

質問や発表するときは、

- 「はい」と手を上げる
- 指名されてから、立って話す
- 指名されないときは、勝手に立って話さない
- みんなに聞こえるように話す

先生や指された人の話を聞くときは、

- 話している人の顔を見る
- 質問は、話が終わってからする
- 話しの途中で自分の意見を言わない

対人関係の基本マナーを身につける

集団生活をスムーズにするためのあいさつや礼儀といった基本マナーは繰り返し練習して身につけるようにしましょう。

暗黙のルールや基本的なマナーも練習が必要

学校には、校則をはじめとするルールがあり、集団生活を円滑に送るためのルールがあります。子どもたちは、小学校での集団生活を通して少しずつ社会性を学んできます。特性のある子どもは学校や教室内のルールやあたりまえのマナーがなかなか覚えられない場合があります。

自閉症スペクトラムの特性のある子どもは、特性からあいさつや礼儀といった目に見えないしきたりなどを理解することが苦手です。人からあいさつをされても、あいさつを返すことができなかったり、先生と話すときに、友だちのような口をきいてしまう場合もあります。

また、ADHDの特性が強い子どもは、ルールやマナーを知っていても、多動性や衝動性から適切に行動できないためにルール違反やマナー違反ととられてしまうような行動を

覚えたいあいさつや礼儀

- 登校時「おはよう」、下校時「さようなら」といった基本的なあいさつ
- 手伝ってもらったときや借りた物を返すときは「ありがとう」とお礼を言う
- 消しゴムなどや教材を借りるときは、「借りてもいい？」と相手の許可を得る
- トラブルがあったときは「ごめんなさい」とあやまる

覚えたい対人関係のルール

- 友だちの嫌がることは言わない、行なわない（具体的に教える）
- 先生や友だちの話を聞くときは相手の顔を見る
- 異性の体に触れない
- 人前でHな話をしない
- 人前で服を脱いだり、股間を触らない

とってしまう場合もあります。特性のある子どもにとっては、暗黙のルールやあたり前のルールでも練習が必要な場合があります。

基本を繰り返し練習する

ルールやマナーは習慣として教えることが必要ですが、実際にはいろいろな経験をふまえて練習し身につけていくようにします。練習するときはコーチ役も必要になります。具体的にどのような相手にどのように声をかけることが適切なのかを状況に応じて教え、コーチ役と一緒に練習してみましょう。

また、「同じ失敗を繰り返さないための対策」を立てることも重要です。あまり厳しくすると、人に会うことを嫌がってしまうこともあるので、あせらず、ゆっくり繰り返し練習するように心掛けましょう。

思春期は、必要以上に劣等感が大きくなる場合がある

特性を持つ子どもも思春期になると周りの目が気になり、自分と他人の違いを意識し始めます。他人と違うことで強い劣等感を感じている場合もあります。

他人と比べて劣っているところばかり気になる

思春期には、発達障害の特性が無い子どもであっても、自己評価が低下したり劣等感を抱いたりしやすくなる時期です。特性を持っている子どもも自分とほかの人との違いを意識し始めます。ほかのクラスメイトと「同じようにできない」ことに何となく違和感を感じている子どもも多いのです。

特性のある子どもの場合は、小さなときから「ジッとしていなさい」

「ダメでしょ」「できないのはあなただけよ」などと親や先生から注意されがちです。小さなころからの経験もあって、ほかの人との違いを「自分はダメな人間ではないか」と、欠点のように思ってしまう場合が多いのです。その結果、必要以上に強い劣等感を感じている子どももいます。

　たとえ、特性のある子どもであっても得意なことや長所は必ずあります。親や先生は、子どもができないことや苦手なことがあるからほかの子どもより劣っているのではなく、長所も短所も含めて個性だと言うことを教えてあげてください。

感情的な言葉で叱らない

　家庭でも学校でも思春期独特の感じ方や考え方をしっかり理解した上で対応を考える必要があります。子どもの言動についイライラして、感情的な言葉を投げつけてしまうなどといった行為は避けましょう。必要以上の叱責は、子どもに対する心理的な虐待になってしまう場合もあります。

　特性のある子どもの対応は、できないことを責めるのではなく、できていることを認めてあげて、上手になったことをほめることが基本です。できないことについては、叱るより「どうすればできるようになるのか」を考えてあげることが重要なのです。つまり、できないのは努力が足りないのではなく、適切な支援がおこなわれていないのではないか、というように考え方を切り替えてみることも大事なことです。

　学校と家庭が情報を共有し、役割分担しながら、子どもが感じる劣等感を減らす連携を考えましょう。

自己肯定感を高める支援とは

「自己肯定感」とは、「自分は生きている価値がある」というように自分を肯定する気持ちのことをいいます。発達障害の子どもは、自己肯定感を高めることが難しい場合もあります。

長所を見つけてほめることで自信が芽生えてくる

中学に進むと、周囲と比べて自分のできないことがとても気になってきます。例えば自閉症スペクトラムの特性が強い子どもは、読書感想文は苦手だが歴史や地理といった科目は得意ということがあります。こうした場合、親としてはつい「国語はダメね」「もっと本を読みなさい」などとはげますつもりで声を掛けてしまいがちです。「地理は100点だね」「お母さんも知らない国も知っているなんてすごいね」と得意な分野をほめる言葉かけの方が、子どもは自信を持つことにつながります。

保護者や先生が「できること」や「得意なこと」を見つけて認めてあげることがとても大切なのです。どんな子どもでも認められ、ほめられるとうれしくなります。いつも劣等

感を抱えている特性のある子どもだからこそ、認められほめられることで自信を持ち自己肯定感を高めていけるのです。

ほめることと甘やかすことは違う

「特性があるから」とほめてばかりいたのでは、結果的に子どもを甘やかすことにつながるのではないか、と考える保護者や先生もいることでしょう。しかし、ほめることと甘やかすことは違います。

甘やかすとは、子どものわがままを許し増長させてしまうことです。子どもが嫌がるからと、つい甘やかしてしまうことは、子どもが自立しよう、自分でやろうとする力を奪ってしまうことにつながります。それに対してほめるとは、たとえ小さなことであっても子どもが自分で一つの壁を越えたことを認めることです。ほめてあげることは、子どもの自立への壁を越えていくための支援になります。

7時よ！お皿をテーブルに並べるのを手伝って
ハーイ！

例えば、小学校時代から遊んでいるゲームが好きな子どもに対して「好きなだけ遊んでいいよ」と言葉をかけることは甘やかしですが、「7時になったらお皿をテーブルに出すから手伝って」と声をかける方が支援につながります。どんなに好きなゲームであっても時間の制限があるということを学び、やがて何も言わなくても7時になったら自分でやめることにつながるはずです。子どもが一つの壁を乗り越えたら、次の目標に向かって進めるように自信を持たせてあげましょう。

診断を受けて「自分」を知る

子どもの発達について気になることがあったら、医師の診察を受けて診断をしてもらい、「自分」を知ることが必要な場合があります。

いつ、医師の診断を受けるか？

子どもの発達について気になることや発達障害の特性に似た行動が見られるようなら、一度医師による診察を受けてみましょう。子どもの行動で気になることがあったら早期に相談をすることが大切です。

発達障害は、通常3歳ぐらいまでに症状が見られることが多いのですが、その特性に気づかれないまま思春期を迎える子どももたくさんいます。特に「言葉の遅れ」や「集団に適応できない」といった特徴がない場合は、その特性に気づくことが遅れます。

子どもに発達障害の特性を告知する時期は人によって異なりますが、漠然とした不安や「生きにくさ」を自覚し始め、「自分は何者なのか」といった疑問を持ち始めるのが思春期にする場合が多いでしょう。この時期に医師による客観的な立場から説明してもらうことは、その後の支援の方向性にも大きな影響を持ってきます。

医師の診察はどこで受けられる？

思春期の子どもは、一般的には小児科や児童精神科で相談することができます。大学病院や総合病院では、小児科の中に「思春期外来」という特別な外来を設置している場合もあります。しかし、思春期外来は発達以外の身体的な問題も扱いますし、専門ではない医師が担当する場合もあります。適切な病院を探すには、「精神保健福祉センター」や「発達障害支援センター」に相談してみるとよいでしょう。

診断告知の意味について

診断告知とは病名を説明することですが、特性を持つ子どもに対しては、ただ説明するのではなく、どのように支援していくのかについて考える必要があります。また、診断名を聞いて子どもが混乱したり不安になってしまうこともあります。保護者も子どもに寄り添い一切を引き受ける覚悟を持って臨むことが大切です。子どもにとっては、自分を知ること、自分の特性を理解すること、必要な支援を自分で利用できるようになること、そのためにも告知はポジティブな行為と受けとめたいものです。

思春期の気になる行動・症状

- 自律神経失調症状（朝起きられない、立ちくらみなど）
- 不登校、引きこもり
- 家庭内暴力
- 不安、強迫症状
- 摂食障害など

解説2

就職を考える時に気をつけたいこと

鈴木慶太

子どもの将来を考えて大まかな方向性を考えておく

将来どのような職業に就くかということは、もちろん本人の意向も重要ですが、多くの場合、保護者の考え方が大きく影響してきます。また発達障害のあるお子さんですと、特性もあり急に進路を変えることが難しく、自発的に状況に応じて臨機応変に進路を考えたりする力も弱めで、また同時に複数の進路を考えながら準備するということも苦手です。したがって、早いうちから保護者がお子さんの将来について大まかな、かつ現実的な方向性を視野に入れておくことが重要になってきます。なかなか頑固で舵の効かない、またスピードもコントロールしづらい船を操縦しているようなものでゴールにたどり着くには入念な状況分析と計画が必要になります。

発達障害の特性を持っている人が将来の就職を考える際は、まず「一般枠」で就職するか「障害者枠」で就職するか（詳細はP. 94参照）の選択に迫られます。学校までは健常と障害の中間の制度もあるのですが、仕事の世界では一般枠と障害者枠という二者択一になるためです。

どちらがお子さんにとってふさわしいかは一概には言えません。またどちらか一方で一生過ごすというわけでもなく、一般枠に就職し、その後時期が来たら障害者枠に転じるほうが良かったり、初めは障害者枠で自信を付けて一般枠に切り替えたりする例も少ないながら出てきています。

保護者がお子さんの安定を考えた場合は障害者枠を選ぶことが多いですし、お子さんの将来の可能性をもっと広げてあげたいという場合は、一般枠を選ぶことになります。

将来の選択肢を教えることが支援になる

お子さんがまだ小さいうちから一般枠か障害者枠かを決めてしまう必要はありません。まずは、日々の生活や学校での行動を通してお子さんの特性を把握していくことが重要になります。それが、お子さんが大人になった時に、どのような生き方が合っているのか見極めていくことにつながります。

一般枠で会社に入って壁を越えながらも成長していくというのが理想的に思われる方も多いと思いますが、現実には一般枠で求められる速度や質に耐えられず人生が暗く重いものになっている場合があるのも事実です。一般枠で就職して、もし壁にぶつかってしまった時に、「障害者枠という道もあったな」「こういう支援があったな」と思い出せるようにしておいてあげることも、保護者として重要な支援の一つと当社では考えています。

早めに説明しておくことで、就職する際に持つかもしれない障害者枠への拒否感を薄めていくことにもつながります。つまり、後から方向修正してあげるのではなく、前から誘導していくといったイメージです。

理想的には一般枠と障害者枠が上下関係ではなく、対等な選択肢と思えること。実際、障害者枠という言葉はネガティブですが、その選択肢を使って楽しく生き生きと人生を送っている人は数え切れないほどいます。障害者枠のほうが職種に幅がなく、昇給も少ないですが、安定し、大きな企業に勤められるというプラス面もあります。人生の時々に応じて日々を有意義に幸せに暮らすために「制度を上手に使う」ぐらいの気持ちを親も持ちたいものです。

親子で就職に対する意見が対立する場合も

就職の時期が近づいてくると、親子での意見の食い違いが表面化することはよくあります。

保護者が障害者枠を進める反面、お子さんは一般枠を希望、ということは最も多い状態です。

保護者は、お子さんの自宅や学校での言動や過去のトラブルから一般枠で入社してもすぐに挫折してしまうのでは、と心配になることが多いものです。ところが本人は、例えば有名な大学や大学院などを卒業した人の場合、「自分は○○大学を出たんだから」と、障害者枠で入ることを選択肢としてすら考えないということもあります。

客観的に自分自身をとらえづらいのは若者の常ですが、発達障害の傾向があるとその特徴は強まり、まったく無謀なキャリアプランを妄想することも起こりえます。

一方で逆のケースもあり、お子さんが障害者枠でも一般枠でも落ち着いた環境での就職を望んでいても、保護者としては、結婚問題や世間体といったさまざまな理由から一般枠での就職を望むこともあります(ただしこうしたケースの場合は親御さんが診断や特徴を否定していたり、受け入れたりしていないケースが多いですので、このような本を読む人には少ないはずですが……)。

後出しじゃんけんをしないことで、方向転換がしやすくなる場合も

ズレを引きずらないためにはどうするか。

Ｋａｉｅｎでは就職活動を始めるに際し、保護者から本人に対して「いついつまでに結果がでなかったら、こういうことも考えようね」といった決まり事を作ってしまうことは効果的な方法だと考えています。

例えば、8月までに希望する業界や企業の規模で就職内定が取れなかったら、他の業種や中小企業も考えよう、だったり、卒業時までに一般枠で内定が取れなかったら、その時は障害者枠も考えよう、というような感じです。期日や会社の数など具体的な約束をできるだけ早めにしておくことがポイントです。お互いの理解がずれる可能性がある「だめだったら……」というようなあいまいな約束では、その基準が理解できない場合もあり本人が納得するまで無謀な挑戦でも続けてしまう可能性がありますので注意が必要です。

一般的に特性を持つ人は、ウソをついたり約束を破ったりすることが苦手です。具体的な約束を早めにしてしまえば、うまくいかなかった場合の方向転換がやりやすくなる場合も多いのです。当社では「後出しじゃんけんをしない」という方針という風に説明しています。先にきちんと説明してルール化する。何か起きた後でルールを変更しない。実は発達障害支援の王道の就労支援版の考えともいえます。

第4章

高校の選択がその後の自立・自活を左右する

中学までの義務教育とは違って高校にはさまざまな形態があります。高校を選ぶことは、その後の自立や自活に直結すると言っても過言ではありません。子どもの特性に合った高校を慎重に選びましょう。

全日制、定時制、通信制の特徴を知る

高校には、全日制、定時制、通信制などがありますが、子どもの適性によってはそれぞれメリット（長所）とデメリット（短所）があります。

高校によって授業の形態と特徴は変わる

全日制は、朝から夕方まで授業を行なう一般的な高校です。普通高校、工業高校、商業高校、農業高校などがあります。中学より授業が難しくなり、人間関係も複雑になってきます。それだけ特性を持つ子どもにとっては、つまずく要因が多くなると考えられます。何よりも子どもの特性と相性を考えて、本当に学びやすい高校を選びましょう。

もし、子どもがコンピュータや機械などが好きだったら工業高校へ進み才能を伸ばすこともできるでしょう。とはいえ全日制高校の発達障害支援は、まだ始まったばかりなので、気になる高校があったら必ず子どもと一緒に見学に行って支援についての環境を確認しましょう。

定時制高校は、1日を午前の部、

通信制高校の場合

主なメリット

- 自宅で学習できる
- 対人関係のトラブルがない
- 卒業までの期限がないので、自分のペースで学習できる
- 高校中退者でも再入学して卒業できる
- 技能連携校（働くための技術を獲得する）に平行して通える

主なデメリット

- ✕学校生活を通した交友関係はできにくい
- ✕社会性が育ちにくい
- ✕高校生という自覚が育ちにくい
- ✕自宅学習のためさまざまな誘惑があり挫折しやすい

定時制高校の場合

主なメリット

- 午前、午後、夜間の好きな時間に通える
- 授業以外の時間を自由に使うことができる
- さまざまな年代の人と交流できる
- 技能連携校（働くための技術を獲得する）に平行して通える

主なデメリット

- ✕卒業まで４年かかる（３年で卒業もある）
- ✕生徒の年代が違うことでトラブルになる場合がある
- ✕時間の自由があるので、さまざまな誘惑がある

全日制高校の場合

主なメリット

- 普通高校、工業高校、商業高校、農業高校などがあり、選択の幅が広い
- 進学、就職など卒業後の進路の幅が広い
- 友人ができ交友関係が広がる
- 部活動などを通して社会性が身につく

主なデメリット

- ✕授業の進み方が早い
- ✕人間関係でトラブルになる場合がある
- ✕いじめや孤立化する場合がある
- ✕個別支援が受けにくい

午後の部、夜間の部に区切って授業を行なっています。年齢に制限が無く、仕事を持っている人も学べる高校です。全日制よりも1年多い4年で卒業します。

通信制高校は自宅で学習し、週に1〜2回スクーリング（面接指導）に行きます。ほかの生徒と交流することがないので、自分のペースで学習したい人、集団行動やコミュニケーションが苦手な人には向いている場合もあります。

特別支援学校の高等部や高等特別支援学校という選択もある

子どもの特性によって支援の必要が高かったり高校進学に対する不安が大きい場合は、特別支援学校の高等部を選択して自立を目指すという方法もあります。

特別支援学校では必要な支援を受けられる

知的障害がある（療育手帳保有）、特性により支援が必要とされたり通常の高校には適応できそうにないという場合には、特別支援学校への進学も選択肢の一つになります。

特別支援学校は、発達障害や知的障害などに対する支援が充実しています。特性を持つ子どもに対する支援と教育を同時に提供する学校です。特別支援学校には、小学部、中学部、高等部がありますが、近年は高等部だけのある高等特別支援学校が整備され始めています。

特別支援学校の高等部（および高等特別支援学校）へは特別支援学校の中等部から進学するケースが多いのですが、普通中学から進学することもできます。特別支援学校の大きな特徴は、しっかりした支援体制が整っていて、個別の支援が受けやすいということです。入学する段階で、診断名や本人の特性がわかっているため、学校側は生徒の特性に併せた支援体制をとれます。

しかも、特別支援学校の教員は、ほとんどが障害児教育に特化した専

支援体制が充実している特別支援学校がいいかもね
そうね！

門的な教育を受けており、相談や支援もスムーズに行なうことができるという大きなメリットがあります。

就労に備えた職場実習もある

特別支援学校の高等部（高等特別支援学校）では、就労を目指した職業教育にも力を入れているのが特徴です。授業の他に生活スキルを学ぶ時間をもうけたり、農作業や技術実習、あるいは工芸などを経験することで将来の就労につながる体験をすることができます。また、企業などに出かけて一定期間トレーニングを受ける形の実習を行なうこともあります。

将来の仕事に
ついていろいろ
経験してみよう

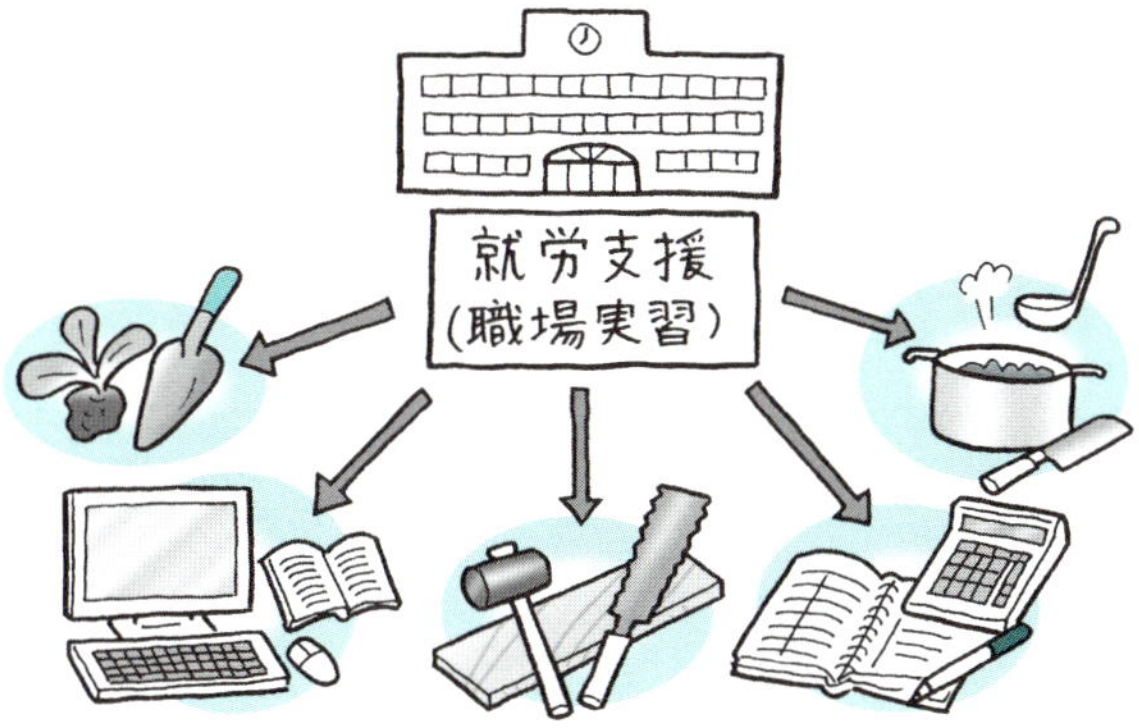
就労支援
（職場実習）

特性により支援が必要だったり、通常の高校生活に不安を感じる場合は、特別支援学校の高等部への進学も選択肢に入れておきましょう。

本人・家族が特性を理解していることが前提

特別支援学校を選択する場合は、本人や家族が診断名や特性について理解していることが重要になります。特別支援学校で学ぶ子どもは、知的レベルの違いも含めさまざまな障害を抱えています。とはいえ、特別支援学校では就職に備えたカリキュラムを組んでいます。したがって就職先についても完全に学校に任せることができるという大きなメリットがあります。

専門的な知識を学べる「高等専修学校」

法制度上では高校とは別種の学校ですが、実務に役立つ知識や技術を学ぶことができるのが高等専修学校です。

教科学習ではなく専門知識を学ぶ

高等専修学校は、中学を卒業後進学できる学校です。数学や英語といった教科学習ではなく医療、農業、商業事務といった仕事に結び付く専門的な知識や技能を学んだり、実務に役立つ教養を身につけることができる学校です。

やりたいことやパソコン、機械いじりなど得意なことがあり、その方面への進路を考えた場合、高等専修学校への進学は最善の方法と言えるかもしれません。

高等専修学校の中には、不登校の生徒を積極的に受け入れている学校

高等専修学校で学べる専門知識

学習内容は８分野あり、専門科目を中心に学ぶ

や私服で通えるなど自由な校風の学校もあります。

ただし、卒業しても高卒資格を取れないので、資格を得るためには技能連携制度の利用や「大学入学資格付与指定校」を選び入学する必要があります。高等専修学校への入学を考えた場合は、どのような制度が利用できるのかしっかり確認しておきましょう。

高校卒業と同等の資格が取れる学校

「大学入学資格付与指定校」とは高校卒業と同等の資格が得られ、大学への受験資格ができるということです。指定を受ける条件は、就業年数が3年以上、総授業時間数が一定単位以上あり普通科目が3～4割以上を占めていることが条件になります。3年以上の高等専修学校は、ほとんどが指定校になっています。

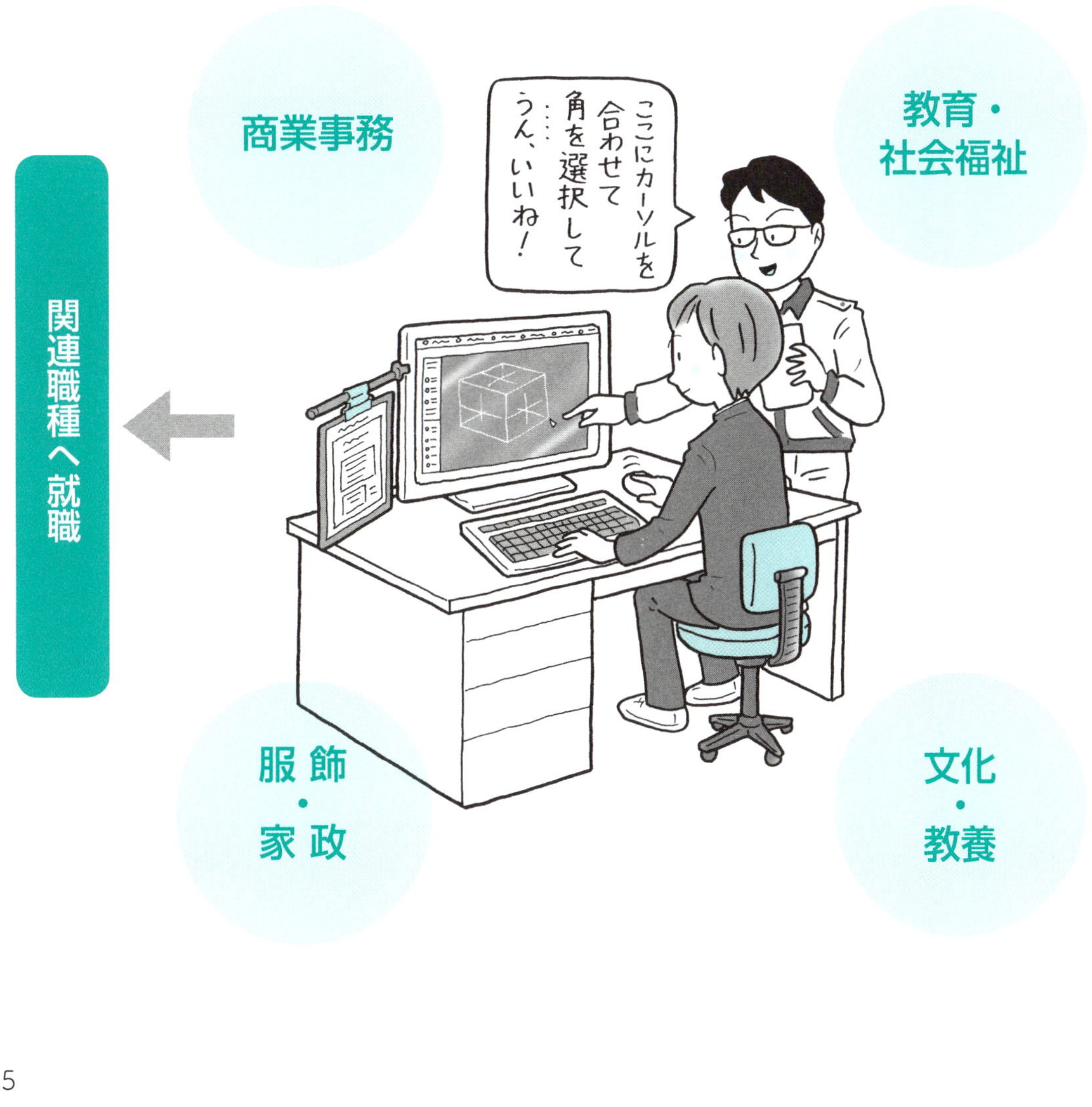

他の学校へ転入・編入という選択もある

進学先になじめず悩んでいるようなら、無理に行かせるよりも早めに他の学校に転入・編入することも考えてあげましょう。

別の道を探すことも選択肢のひとつ

子どものためによいと思って選んだ高校であったとしても、実際に通い始めると、うまくなじむことができずに不満を持つことがあります。

また、環境の変化の少ない中高一貫校に入学して、中学時代は問題が無かったのに高校へ進んだ途端に学校へ行くことを嫌がるようになったということもあります。周囲の環境の微妙な変化は、特性を持つ子どもにとっては、予想以上に大きく感じる場合があります。

◆ 転入・編入の方法 ◆

転入・編入については、まずは担任の先生に相談しましょう

編入

高校を中退するなど除籍になった人が、別の高校へ入り直す。前の学校で中退した学年からやり直す

再受験

通学している高校を中退後、別の高校を受験する。合格すれば1年生から再入学になる

転籍

同じ高校内で全日制から定時制に移るなど、違う過程に進むこと

転入

高校に在籍している生徒が別の高校へ移る。在籍していた高校と同じ学年になる

子どもが学校へ行くことをいやがるようなら、無理に行かせるより、一度話を聞いてあげましょう。無理に行かせることで不登校になってしまったり二次障害にかかってしまう場合もあります。

そんなときは、思い切って進路を変える方法もあります。全日制に通っているなら、定時制に入り直して卒業を目指すこともできますし、高校へ行かずに就労や大学を目指す方法もあります。

進学先を辞めるなど進路を変更するときは、子どもの自尊心が傷つかないようによく話し合い、前向きな気持ちになれるようにすることが重要になります。

Column

私立の中高一貫校という選択肢もある

公立とは違い個性的な教育理念を持つ私立校

中学進学にあたっては、公立ではなく私立の中高一貫校という選択肢もあります。特に首都圏の場合は、子どもの特性を考慮して6年間学べる私立校へ入れたい、という保護者の要望は高いようです。私立校の場合、公立校に比べて教育理念も違いますし男子校や女子高、共学といったようにさまざまな特色を持っています。学習のカリキュラムも学校ごとに特定の教科の時間を多くしたり、独自のコース分けをするなど工夫しています。

学習面に力を入れている進学校も多くありますが、発達障害の子どもの教育に理解があり、独自の支援体制をとっている学校もあります。中高一貫校への進学を考えたら、各校の資料を集めて比較検討してみましょう。

中高一貫校のメリットは、なんといっても中学受験に合格すれば高校受験をすることなく高校に進学できることです。したがって一度中学に入ってしまえば、大半の生徒が同じ高校へ進みますし、環境の変化が少なく落ち着いて6年間学ぶことができます。

学力的にゆとりのある学校を選ぶ

発達障害があっても記憶力がよく、小学校では成績が優秀だったという子どもも応用力が求められる中高では成績が下がり、本人が苦しむ場合もあります。

レベルの高い私立校の中には、高校で学ぶ内容を中学で教えていたり、学内の競争が激しい学校もあります。中高一貫校を志望する場合は、本人の学力に対してある程度ゆとりのあるレベルの学校を選ぶ方がいいでしょう。授業についていくことができれば、自信を失わずに落ち着いて勉強に取り組むことができます。

学校によっては、学力よりも人間教育に力を入れて礼儀や生活態度、身だしなみなどに厳しいという所もあります。逆に制服も自由で本人の自主性を重んじるという学校もあります。学校を選ぶ際に何より大事なことは、学校の支援体制や環境が本人の特性に合っていることです。2章でも述べていますが、志望する学校が決まったら必ず本人と一緒に見学に行って確認し、しっかり検討しましょう。

第5章 就労に必要な生活スキル（生活習慣）を身につける

就職に向けて必要な「生活スキル」といっても特別なことではありません。しかし学生時代と違い社会人は、身だしなみに気をつけたり遅刻や欠勤をしないことが、より大きな意味を持ちます。

仕事に必要なビジネスマナーを覚えよう

ビジネスマナーとは、社会人として必要なルールのことです。就職を考えたら、人間関係をスムーズにする基本的なマナーを身につけましょう。

ビジネスマナーは練習して覚える

「おはようございます」「お疲れさまです」といった日常のあいさつは、絶対に覚えたい基本中の基本になるビジネスマナーです。

職場では、特に言葉づかいに注意が必要になります。職場では、上司、同僚、お客様と相手によって言葉づかいを分けて使う必要があります。自閉症スペクトラムの人は特性から上手に言葉のつかい分けができない場合があります。

そこで、人によっては無理につかい分けや敬語を覚えるより、朝の11時までは「おはようございます」、11時を過ぎたら「こんにちは」というように声に出してあいさつするルールとして覚える方が身につく場合があります。繰り返し訓練をすることで、一度身についたビジネスマナーは、就職するときにおおいに役に立つはずです。

社会人は、見た目で判断される

特性のために、他人からどう見られているのかを想像することが弱い人の場合は、自分の服装やヘアスタイルをまったく気にしない、という人も少なくありません。

しかし、何よりも社会人は見た目が重要なことも事実です。営業などのビジネスマンの服装は、ネクタイを締めたスーツが基本ですが、仕事の業種によってはラフな服装が許される職場もあります。皮膚の感覚過敏のためにネクタイを締めたりワイシャツのえりが苦手でラフな服装しか着ないという人は、業種を選ぶときには確認しましょう。

とはいえ、比較的ラフな服装が許される職場であっても毎日同じ服を着て出社したのでは、だらしない人や不潔な人と思われて敬遠されてし

◆ 就職前に覚えておきたいビジネスマナー ◆

職場の「報・連・相」

- 仕事が終わったりミスしたときは、上司に報告する
- 仕事の変更、トラブルなどは上司に連絡する
- 問題点や疑問は上司に相談する

＊会話より文字の方が伝えやすい人はメールなどを使ってできるように許可をもらう

あいさつ

- 朝の出勤時は、「おはようございます」
- 退社時は、「お先に失礼します」と声をかけて帰る。他の人が帰るときは「お疲れさまでした」とあいさつする
- 勤務中、社内の人とすれ違うときは「会釈」する。社外の人には「こんにちは」とあいさつする

注意されたとき

- よそ見せず、相手の正面に体を向けて聞く
- 相手の話が終わるまで口をはさまない
- 「申し訳ありませんでした」と謝罪の言葉を言う
- 言い訳やふてくされた態度を取らない

指示を受けるとき

- 相手の目を見て聞く
- 指示内容が理解できなかったらもう一度聞く
- 会話が理解しにくい場合は、メモやメールを送ってもらう
- 教えてもらったらお礼を言う

遅刻・欠勤の連絡

- 遅刻する時は、すぐに上司に連絡する。上司がいないときは、他の社員に連絡する。会社を休む（欠勤）のときも同じ
- 上司に連絡する時は、「申し訳ありませんが…」とお詫びしてから、遅刻（欠勤）の理由や、出勤の予定時間を連絡する
- 電話が苦手な人は、メールで報告する
- 遅刻や欠勤の連絡は、家族に頼まないで自分で連絡する

まいます。職場には毎日清潔な服装で行くことが基本的なビジネスマナーです。

就労に備えて生活のリズムを保つ

夜更かしや不眠などで生活リズムを崩してしまい昼夜逆転状態になってしまうと就労することが難しくなってしまいます。普段から生活のリズムを保てるよう心掛けましょう。

昼夜逆転してしまったら、具体的な行動の指示を出す

夜遅くまでゲームやパソコンをしてしまい、朝起きられなくなってしまうということが続くと昼夜逆転状態になってしまいます。発達障害の特性上、先の見通しを立てることが苦手な場合があり、先々のことを考えて予定を変更することが難しいために生活のリズムを崩してしまう場合があります。

本人にしてみれば、「今日中にやりたかったのにできずに、今夜は寝られない」と思い、朝まで起きてしまい、疲れて夕方まで眠ってしまうのです。昼夜逆転状態になってしまうと、本人も朝起きて学校に行かなければいけないことを知っているので、「自分はダメな人間だ」と劣等感を持ってしまう場合もあります。

子どもが昼夜逆転状態になってしまったら、「明日も学校でしょ。早く寝なさい」などとしかるのではなく、「明日の朝は、一緒に散歩しよう」などといった具体的な行動の指示を出しましょう。

予定通りに行動することで、自然に生活のリズムができるようになるはずです。

規則正しい生活のリズムを保つために

- 基本的な就寝時間、起床時間を決める（休日前も変えないことが大事）
- パソコンやゲームは 1 日の使用時間を決める
- 一度決めたお手伝いなどは、試験や旅行の前日でもやらせる
- 毎日のスケジュールを守らせることが大事
- 夏休みなどの長い休みには、朝の運動などをスケジュール化して夜更かししないようにする

社会人として必要なカードの使い方を覚えよう

銀行のカードを使ってATMを利用したり、ICカードを使って電車に乗ったりお店で支払いをすることは、社会人として欠かせないスキルです。

単純作業としてマニュアル化する

ほとんどの人は大人になるまでに銀行のカードを使ってATMを利用したり、ICカードを使って電車に乗ったりコンビニで支払いをすることは、自然に覚えてしまいます。しかし、特性のある人には、支援が必要な場合もあります。

社会人になれば、ATMを利用したりレストランで食事をしてクレジットカードで支払うといった場面も多くなります。こうした日常生活のなかでとまどわないように練習しておきましょう。

例えばカードを使うことは、単純作業としてマニュアル化することで覚えやすくなる場合があります。ＡＴＭを利用する時は、一度に下ろす金額を決めて、それ以上のお金を引き出す時には親に相談するといったルールも決めましょう。

ＩＣカードの使い方を覚えることで、コンビニなどの店員さんとの対話やお釣りの計算などの苦手な人でも買い物がしやすくなるメリットもあります。ただし、カードの利用には、基本的な金銭感覚を身につけることが重要です。（次項参照）。

◆ 社会人生活に必要なスキル ◆

就労したら誰でもひとり暮らしをするわけではありません。しかし、少しずつ生活に必要なスキルを身につけていけるように練習することは、社会に出るためのトレーニングにもなります。

- ATMを利用できる
- ICカードを使って電車に乗る
- ICカードにチャージする
- ICカードを使ってコンビニで買い物ができる
- ファーストフード店で注文できる
- 時計のアラームをセットする
- デスクの周りを整理する
- 場面に合った服装やくつを選ぶ
- 失敗したときに謝る

金銭感覚を身につけトラブルを避ける

社会に出ると、さまざまな誘惑や金銭トラブルに注意が必要になります。
発達障害の人は、他人の言うことをそのまま信じてしまい、金銭トラブルに巻き込まれてしまう場合もあります。

人の悪意や言葉の裏側が見抜けない

社会には、さまざまな金銭トラブルが潜んでいます。スマホやパソコンを使った架空請求、そして街に出れば強引な勧誘や言葉たくみな勧誘など……、注意が必要なトラブルの種は無数にあります。

自閉症スペクトラムの特性が強いと、コミュニケーションや想像することが苦手で、言葉の裏側や人の悪意を見抜くことができない場合があります。そのため、恐喝や詐欺といった金銭トラブルに巻き込まれや

すい面があります。

また、友だちや知り合いから「必ず返すからお金を貸して」と頼まれるとすぐに貸してしまう場合もありがちです。言葉を字義通りに受取り、貸したモノは返してもらえると信じて疑いません。「このことは誰にも言わないで」と言われると親にも黙っている場合もあります。口止め行為の裏に潜んでいる悪意が見抜けず、何度もだまされてしまう場合もあります。

特に注意が必要な詐欺・勧誘行為
利用料金請求
¥165,000
▷次へ
えっ?! ど… どうしよう
スマホ・パソコン
●架空請求
●ネットオークション
●ネット通販
●オンラインゲーム
●出会い系サイト
簡単なアンケートをお願いしたいの、事務所へ来て♡
は… はい♡
街角
●キャッチセールス
●デート商法
●アンケート方式の勧誘
●特定団体への寄付・勧誘

お金の管理はルール化して覚える

お金を管理することは誰にとっても難しい問題です。トラブルに対する対処法を教えても、勧誘する側は次々に新しい手口でお金を出させようとします。したがって「何かを売りつけられたりする勧誘」などに関して対処法を教えるよりも家族が対応する、一定額ずつ渡す、というルールを作った方がいいでしょう。

その他のお金の問題に関しても千円以上のお金が必要なときには「家族に相談する」、というようにルール化しておくことが効果的です。

面接や履歴書の書き方を練習しよう

就労するための面接や履歴書を書くということは、自己アピールをすることです。特性のためになかなか自分のことを伝えられない場合は、早めに練習して自信をつけましょう。

面接での自己アピールは練習して覚える

どんな会社でも入社前には面接があります。一般枠の場合は基本的にひとりで面接を受けます。障害者雇用枠での入社面接の場合は、特性のためにコミュニケーションや自己アピールが苦手な人のために支援者が同行することができる場合もあります。

面接のときに聞かれることは、会社によってさまざまです。したがって面接で聞かれることすべてを予想して予習することはできませんが、基本的なことを教わって練習することで、ある程度は対処することはできます。例えば、支援者からの質問に1対1で答えられるように練習しましょう。

履歴書は添削してもらい覚える

一般的に履歴書には自分の長所をアピールして書きます。

しかし、特性上、不必要なまでに几帳面に答えて失敗するケースもあります。

例えば、優秀な大学を卒業したのに、応募したすべての会社から書類選考で落とされてしまった人もいます。それはなぜでしょうか？　履歴書の既往症（過去にかかった病気）の欄に小学校のときにかぜで休んだことまで細かく書き込んでいたのです。このような履歴書を出してしまっては、会社の担当者も誤解や遠慮をしてしまうでしょう。

履歴書は正直に書く必要がありますが、不必要なことは書かなくてもよいのです。就労を考えたら早めに支援者やジョブコーチに履歴書を添削してもらいましょう。

この欄は二つだけ書きましょう
わかりましたここは、二つでいいんですね

解説 3

就職に必要なスキルとは？

Kaienで教えていること

鈴木慶太

Kaienを利用した発達障害の方々の就職率は85%、就職半年後の定着率95%、平均給与18万円と、業界平均を大きく上回る成果を挙げています。Kaienでは就職に必要なスキルを身につけるために、どのような訓練を行っているかを紹介します。

仕事を体験することで自分の得意不得意を知る

発達障害の人は自分を客観視する力は弱めです。就職活動では、自分の得意・不得意を見極めて、自分に向いた仕事を考えることが苦手であるということです。このためまったく向かない仕事を一生懸命探してしまったり、そもそも合っているものがわからず就活を始めることすらできない、ということがあります。

そこで、Kaienでは、さまざまな仕事が体験できるプログラムを用意しています。「服を試着するように仕事を試着する」がコンセプトです。30以上の職種を1、2週間に一つずつ体験してみることで自分の適性に合った働き方、職種、職場の雰囲気が検討できます。例えば、ネットオークションやサイトに商品を出品し、仕入れやマーケティング、会計、商品管理に加え、印刷や検品、封入作業や総務業務などの軽作業など幅広い仕事をリアルに体験していきます。

実際の職場レイアウトに近い訓練環境で、仕事内容に即した実践形式で行うことも重要です。当社の職業訓練で上司役を務めるスタッフは、大手企業などで管理職を実際に経験してきた〝本物の上司〟が務めています。過去に数十人、数百人の部下を見てきた人材ですから、単にミスを指摘するのではなく、どのようにすれば良いかをその場でレクチャーできるので、本人も理解がしやすくなります。

この体験プログラムを通して、自分の得意不得意が頭だけでなく体でも理解できます。食わず嫌いせず、自分には難しいということも体験できます。自分に合った仕事をみつけることにつながっていきますし、まったく合わない仕事を気持ちよくあきらめることにもつながります。職業訓練を行いながら、当社の役割は「長所を活かす支援者」という側面もありますが、ご本人に良い意味で非現実的な方向性を納得してもらう「あきらめさせ屋」だとも思っています。

「動的」なコミュニケーションが重要になる

現代の社会で、コミュニケーションスキルは内定を得るためにも、職場で安定して働く上でも、最も重要なスキルでしょう。ただ多くの場合、コミュニケーションは漠然とした概念で、具体的に理解されていないスキルでもあります。当社ではコミュニケーションは「静的」なものと「動的」なものに大きく二つに分けて考える必要があると思っています。

「静的」なコミュニケーションは、文字に書かれた情報、変わらないルールのなかでのやり取りといった技術のことです。「動的」なコミュニケーションは、決まった形式はなく臨機応変に何か答える、大きな間違いをしなければいいというものです。「静的」なコミュニケーションは学校で育まれますが、「動的」なスキルは学校の勉強だけではなかなか上達していきません。そのためにKaienでは、動的なコミュニケーションを学べる仕掛けを職業訓練やお仕事体験の中に作っています。

例えば「Here & Now」（ここで今）という方法をご紹介しましょう。本人に実際にお仕事を体験してもらっている過程で、うまくできたら「それだよ！」とその場で（ここで今）教えてあげます。逆に実際の流れの中で問題が起きたら、それを指摘して改善方法をその場で（ここで今）教えてあげます。ビデオの一時停止ボタンを押して、その場で教え、理解したらすぐにまた再生ボタンを押すようなイメージです。

「静的」なコミュニケーションは本や講座で学べますが、「動的」のコミュニケーションは何らかの活動の中で体感していく必要があります。またプログラムの中に動的なコミュニケーションの課題が見えやすい仕掛けが組み込まれている必要があります。さらにはその〝仕掛け〟を上手に使いこなす支援者も必要です。動的なコミュニケーションを学ぶ場を親としてどのように探していけるかが子どものスキルを高めるうえで大きなポイントになると思います。

ビジネススキルをアップして定着率を上げる

Ｋａｉｅｎでは、就職後も安定した就労や評価・待遇の向上に必要なスキルを得ることも重要な要素だと思っています。働く中でできることが増えていかないと職場の定着につながりにくいからです。

　そこで、仕事で同時並行作業が発生したときにはどうすればいいか。ミスを起こしてしまった時にどう対処すべきか。さらに仕事の優先順位や計画の立て方など、特性を持つ人が苦手とすることの多いシチュエーションを取り上げ、ケーススタディ的に学ぶことで仕事のスキルをアップさせるためのプログラムを用意しています。

　ただし、なかなか就職前の準備だけでは就職後の安定にはつながりにくいのが実状です。このため、定期的に職場を訪問して上司と本人の理解のズレを修正したり、当社の懇親会に参加してもらい業務から離れた開放的な場所で話を聞いたりして、キャリアを順調に歩んでいるか確認しています。

　仕事を安定的に続けるには安心した人間関係が社内外で築けることが重要です。当社はプログラムを修了した後も安心して帰ってこられる母校のような、教会のような組織でありたいと思っていますし、皆さんのお子さんもそのような場を家庭と職場以外に持てると良いなと思います。

第6章 自立・自活へ向けた就労先の選び方

具体的に就労を考えたら、まずは学校や支援機関に相談しますが、会社を選ぶ場合は、なによりも本人とのマッチング（相性）が大切になります。会社の知名度や業種よりも自分の適性に合う仕事を選ぶことが重要です。

本人の特性に合った仕事を選ぶ

就職先や業種を選ぶ場合になによりも重要なことは、本人の特性に合っている仕事かどうかです。
「向き」・「不向き」を考えて選びましょう。

まずは本人の適性を知ることが大事

誰でも得意なことや苦手なことはあります。特性を持っている人は「得意」と「不得意」の差が非常に大きい場合があります。就職することがゴールではなく、就職した会社で生き生きと働き続けることが、より重要なのは言うまでもありません。自分に合わない仕事に就いて苦しむことも多いのです。だからこそ、ジョブ・マッチング（自分に合う仕事を選ぶこと）が重要になります。

そこで、本人の適性を知るために

◆向いている仕事と難しい仕事（自閉症スペクトラムの場合）◆

できる人が多い

- 作業を規則正しくできる
- 単純な反復作業をいとわない
- 難しい漢字や文章を読む・書く
- パソコンの操作
- 専門知識を覚える
- 細かな部品などの管理・整理
- 常識にとらわれない発想

向いている仕事（例）
IT系
工場（製品管理部門）
デスクワーク（業務管理部門）
清掃業
調理関係
研究職
芸術系

も、支援者や支援機関にも協力してもらい、「得意なこと」と「苦手なこと」を書き出して整理してみましょう。もちろん、特性があっても適職は、人によって違います。この仕事が合うという正解はありませんが、向いている仕事の傾向はあるようです。

苦手な人が多い

- スムーズな会話
- ミスをなくす
- 良好な人間関係を築く
- 急な予定変更に対応する
- 話のウラやウソを見抜く
- お世辞やジョークを言う
- ストレスをがまんする
- 周囲の空気を読む

難しい仕事（例）

- 営業職
- 窓口業務
- 接客業

＊記述した職業は一般的な例であり、特性は人によって千差万別なのであてはまらない場合もあります。

働きやすい会社とは

特性があっても働きやすい会社とは、何といっても特性に理解があり、支援についての共通認識を持っていることが基本になります。

特性に理解がある会社かどうかがカギになる

一般枠で入社した場合、特性のために社内で問題になるケースもあります。

Aさんは、成績も優秀で大学卒業後あるIT会社に入社したのですが、業務中に大声を上げると女子社員から敬遠されるようになりました。Aさんが大声を上げていたのは仕事の進行が計画通りにいかないときだったのです。通常は、計画通りにいかないときは、計画を変更したり翌日に伸ばすといった工夫をします。しかし、特性のために融通がきかなかったり臨機応変に対応することができず、感情を爆発させて大声を上げていたのです。

Aさんの場合は、入社時に担当者へ特性のことを話していたのですが、担当者が所属部署に説明していなかったために問題が起きてしまいました。その後、担当者が所属部署にAさんの特性について説明し、仕

事中は大きな声を上げないこと、仕事の進行で遅れた場合は、すぐに上司に相談するといったルールを本人が理解できるよう具体的に教え、サポートすることで職場になじむことができるようになりました。

もし、Aさんが入社した会社が特性に対してもっと理解があり、職場全体で共通認識を持っていれば、Aさんはもっと早く職場に慣れることができて、仕事の成果を上げることができたかもしれません。

障害者を積極的に採用する特例子会社

障害者枠を利用して就労する場合は、障害者を積極的に採用している「特例子会社」があります。現在、日本では特例子会社が400社近くあります。特例子会社は、障害者に対する理解と経験があるので、特性があっても就労できる可能性はより大きいといえます。

また、特例子会社は、特性に合わせて働きやすいように職場の環境を整えている会社が多いので、職場の定着率も高い傾向にあります。就労先を考えた場合は、特例子会社も候補に入れておいた方がいいでしょう。特例子会社の情報に関しては、就労支援機関で紹介してくれます（次項参照）。

終業時間まで間に合わないときは、私に相談してください
はい、わかりました

手帳をとると、就労のチャンスが増える

手帳制度は、障害者を支援するための制度です（P18-19参照）。手帳をとって支援の必要性を理解してもらうことで就労先の理解が受けやすくなります。もちろん障害者雇用枠の利用も可能になります。また、就労後もさまざまな支援を受けられるというメリットがあります。

就労支援機関を利用しよう

障害者の雇用促進に関する法律も整備され、現在では発達障害があることだけで就労ができないということはありません。就労支援機関を積極的に利用して情報を集めることもできます。

特性を持っている人が利用できる就労支援機関とは

障害者雇用に関する『障害者雇用促進法』が平成28年4月に改正され、発達障害の人でもこれまで以上に就労しやすくなります。とはいえ、個人だけで就職先を探すことはなかなか大変です。そこで、特性を持っている人や保護者が相談できる公的な就労支援機関を積極的に利用しましょう。

例えば、発達障害者支援センターでは、発達障害の人（保護者）の相談を聞きながらどんな仕事が向いているか、問題点は何かといったような具体的なアドバイスをしてくれます。さらに、ハローワークなど他の就労支援機関などと連携して本人の適正に合った仕事を紹介します。

どんな仕事が向いているのかアドバイスをお願いします
様々な特性に沿った就労支援が受けられる会社もあります

民間の支援企業を利用して就労に備える

最近は、民間の就労支援企業も増えています。民間の就労支援企業の中には、発達障害に特化した企業もあり、それぞれの特性に沿った就労支援を行なっています。

就労支援企業では、「デイケア」などと呼ばれる就労に備えたトレーニングやカウンセリングを行なっています。支援する期間は、企業や特性によってまちまちですが、専門のスタッフによる就労実習、面接実習、履歴書添削など就労に備えた実践的なプログラムで就労まで支援してもらえます。中には就労後も引き続きさまざまな支援を行なう会社もあります。就労に不安があったら、一度相談してみましょう。

発達障害の人が利用できる主な就労支援機関

地域の発達障害者支援センター

発達障害者の生活全般を支援する機関。就労専門ではないがハローワークなどの他の就労支援機関と共同で就労支援

- 発達障害者全般の相談に対応

障害者職業センター

知的障害や精神障害、発達障害のある人の就労支援機関。職業能力評価や作業訓練、対人訓練とともに人材募集中の企業の紹介など、障害者と企業の双方を支援する

- 就労相談に対応
- ジョブ・コーチの派遣

地域若者サポートステーション

不登校、ひきこもりなどを含めた無業状態の若者を対象とした就労を支援

- 若者の就労相談に対応
- ひきこもりなどの相談

ハローワーク

一般者の就労支援だが、障害者に対しては「専門援助」で相談を受ける

- 求人情報の提供
- 障害者の相談にも対応

民間の就労支援会社

発達障害に特化した就労トレーニングや支援を行なっているところもある

- 高校生・専門学校・大学生・社会人に対応

就労前に仕事の流れや職場環境を確認しておこう

希望の就職先が決まったら、実際に仕事の流れを見たり職場環境を体験することで入社後にスムーズに職場になじめる場合があります。

具体的な仕事内容や職場を体験してみる

発達障害のある人のうち、ほとんどは想像する力が弱いものです。そのために就職先が決まっても、仕事内容や職場のようすなどを実際に目で見て確認しないと不安が大きくなる場合があります。そこで、入社前に職場訪問して実際に働いている先輩の仕事を見て、〝職場〟を体験することは本人にとって大きな安心感になるはずです。

仕事の内容がＩＴ系や事務系などのデスクワークの場合は、デスク周りの環境を確認しておくことは、非常に大事なことです。多くの人が感じない蛍光灯の光の瞬きが苦手だったり、職場内に流れる音楽が気になって仕事に集中できない場合もあります。

また、デスクの隣人の書類や私物が気になって仕事に集中できないという場合もあります。

仕事以外の余分な情報を遮断することで、安心して仕事に集中できるという場合もあります。

会社の情報は、パンフレットやインターネットなどの情報だけではなかなかわからないことも多いので、就労前に確認しておくようにしましょう。

◆ 参考になるのは先輩の話 ◆

職場の具体的な仕事や環境について、参考になるのは同じような特性のある先輩から直接話しを聞くことです。会社の担当者も同席してもらって疑問や要望を伝えておくことで、必要な支援を受けることができるはずです

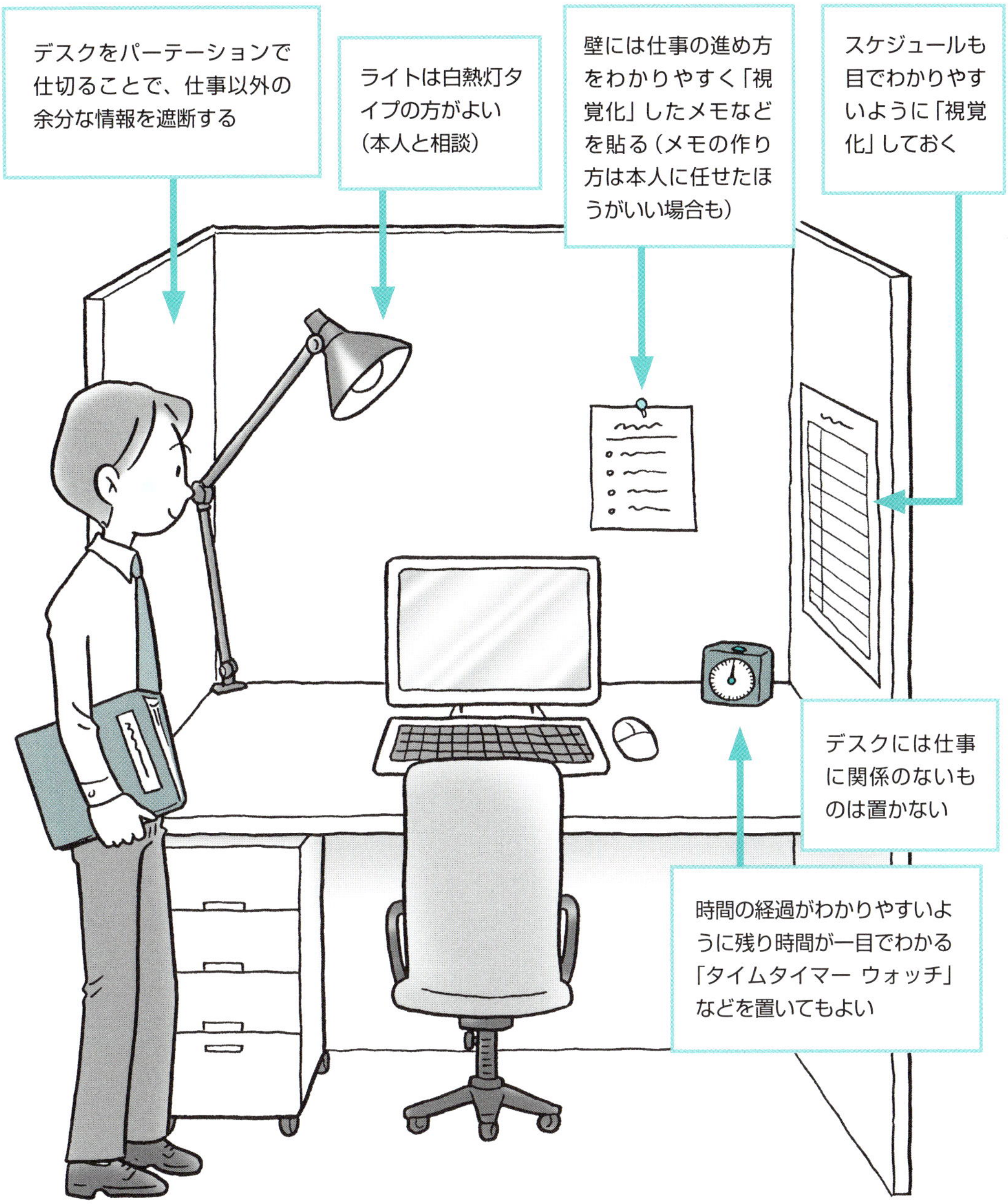
デスクをパーテーションで仕切ることで、仕事以外の余分な情報を遮断する
ライトは白熱灯タイプの方がよい（本人と相談）
壁には仕事の進め方をわかりやすく「視覚化」したメモなどを貼る（メモの作り方は本人に任せたほうがいい場合も）
スケジュールも目でわかりやすいように「視覚化」しておく
デスクには仕事に関係のないものは置かない
時間の経過がわかりやすいように残り時間が一目でわかる「タイムタイマー ウォッチ」などを置いてもよい

就労先で支援する支援者を派遣してもらおう

特性を告知した上で就労が決まった場合は、勤務先に「支援者」を派遣してもらうといった就労支援が必要な場合があります。

支援者による支援で自信が持てることも

支援者は、仕事上のコーチのことで障害者が企業で働けるように企業と障害者の両方を支援する専門職です。

職場内で支援者に抵抗を感じる人もいるようです。しかし、特性のためにトラブルや仕事でミスを繰り返せば、勤務先はもちろん本人にも大きなダメージとなってしまいます。

何度も特性のために面接を失敗した人が支援者に同席してもらうことで、スムーズに面接を受けることができ、合格したケースもあります。

支援者は、本人の勤務先に対して、障害についての理解を求めたり、対応方法や仕事の指導方法、コミュニケーションのとり方などを提

本人

特性に基づいた仕事の進め方、職場環境、コミュニケーションのとり方などを指導してもらう

案します。また、本人と相談して、デスクの配置や仕事の進め方など職場環境を整えられるように勤務先と話し合うこともあります。

「困った」ときは支援者に相談

仕事の上で「困った」ことが起きたら、支援者に相談しましょう。地域の障害者職業センターや福祉事務所、ハローワークなどに派遣を依頼します。まずは前ページの相談機関に相談してみましょう。

支援者がつく期間は通常2～4ヵ月ですが、本人や職場の希望によって異なります。就労後も定期的に相談にのったり、経過をみてくれる場合もあります。

ジョブコーチとは

就労に関する支援者はジョブコーチとも呼ばれます。ジョブコーチという国家資格はありませんが、障害者などの職場定着の支援を行います。現在は、統一的な基準は無く、所属する機関によって活動内容は異なります。具体的な支援内容については、各相談機関に問い合わせてください。基本的に無料で依頼できます。

また専門のジョブコーチではなくとも、勤務先の同僚社員がコーチ役を務めることで成功している例もあります。

支援者
障害者と企業の間に入り、特性への理解を求めながら障害者の就労を支援する
上手くいかないときには、私に相談してください
なるほど そうだったのか
企業
対応への仕方、コミュニケーションのとり方、仕事の指導方法などを助言・提案してもらう

解説4

就職活動の前に知っておくべきこと

鈴木慶太

「一般枠」と「障害者枠」の違いを知る

Kaienの就労移行支援を利用する中で、就職先を一般枠で探すか障害者枠で探すか多くの方が迷われます。

通常は、特性のことを就職先に伝えないで就職する「一般枠」と、逆に障害のことやその特性を伝える「障害者枠」のどちらを選ぶかによって働ける職種や企業は大きく違ってきます。この本の中ですでにふれている部分もありますが、改めてそれぞれのメリット・デメリットを説明しましょう。

なお、念のためですが、障害者枠は障害者手帳の取得が必須です。発達障害の方の場合、精神障害者保健福祉手帳がほぼ問題なく発行されていますし、知的障害も合わせてある場合は療育手帳も取得可能です。

一般枠のメリットは、なんといっても職種の幅が非常に広いことです。専門職もふんだんにあります。会社の規模も多様で、経験を積んでいけば大きな仕事を任されるという仕事のやりがいもあります。また、それにともなって給料も上がっていきます。

デメリットは、メリットの裏返しといえます。給料が増えれば、仕事の幅や責任も大きくなり急な無理な残業もあります。また昇格すればリーダーシップも求められ、職場内や周囲から特性を配慮してもらえることはないでしょう。

障害者枠はその逆です。就職は契約社員が多いのですが、勤め先は大企業やその系列会社が多く安定しています。仕事の契約を打ち切られることは稀で、数年後には正社員に登用されるケースが増えてきています し、今後主流になるでしょう。個人の特性を配慮してもらえ、残業もありません。が、職種が軽作業か事務作業程度しかなく、給料面も昇給はあまりしません。

ただし、障害者枠でも近年は専門職が急速に増えているようです。特に首都圏では求人が多い一方で働ける障害者の方が少ないというのが企業の実感であり、給与や職種が一般枠に近づきつつあると思います。

一点留意すべきは一般枠と障害者枠どちらかをずっと続ける必要があるわけではないということです。障害者手帳を持ちつつ、一般枠を受けることもできます。

一般枠での就職が続かない場合、障害者枠に切り替えることは、その逆より容易です。もし、どちらにするかまだ決めかねている場合、とりあえず一般枠を目指し、もし一般枠では無理なようだったら障害者枠に移行していくという方法をお勧めします。

特性があっても働きやすい会社・業種とは

一般的に発達障害の人に相性が良いといわれているのは、仕事内容にあまり変化がなく、変わらず同じ知識が生かせるところです。

例えば医療の検査などは、その方法が急激に変わることはありません。国や業界で決められたルールや手順を基に、日々検査を行います。他にも経理の仕事も、会計という非常に厳格に決まったルールを基にコツコツと数字の作業をしていきます。このような仕事の行程・道筋が決まっている職種のほうがフィット感が高いケースが多いでしょう。

働きやすい会社という点では、小さな企業は基本的に避けたほうがいいでしょう。

従業員数十人程度の会社では一人の社員が何役もこなすところが多く、仕事に対して臨機応変な対応が求められます。これは発達障害の方が苦手とする同時並行や臨機応変さ、即時対応が求められる環境です。

働きやすい会社の規模を検討する

では大企業が良いのかというと、場合による、という印象です。仕事は細分化されているかもしれませんが、優秀な人に囲まれ、何事もスピードが速く、求められるレベルも当然高くなります。

そうしたスピードやレベルについ

ていくためには、幅広い能力や行動力が求められます。専門職に就けたとしても、大企業では若いうちから外部の協力企業や部下を使いこなすことが求められますので、発達障害の苦手さがどうしても顕在化しやすいといえます。

一番いいのは社員数が百人から数百人程度の、アットホームな社風で堅実な、良い意味で目立たない業界の会社です。例えばビルメンテナンスの会社などは、個人的には二重丸だと思います。業務内容は、基本的に時代が変わっても大きくは変わりませんし、変わるとしてもゆっくりとした変化であれば発達障害の人も対応することができるでしょう。なによりも堅実でコツコツとした業種・社風は発達障害の特徴が存分活きる、つまり戦力になれる可能性が高まります。

以上、一般枠のお勧め業種・職種についての考え方をご説明しました。一方で障害者枠については、業種にはあまりこだわる必要はありません。制度上配慮してもらえることになっていますし、業種によって配慮の程度にそれほど差がないからです。実際、Ｋａｉｅｎを修了して働く人の中で、障害者枠で働く人は本当に多種多様な業界で働いています。

〝発達障害者〟ではなく、〝その人〟を理解してもらう

一つ注意していただきたいのが、「この企業は発達障害の人の受け入れ実績があるから、理解がある」と思い込むことです。発達障害による特性は人によって千差万別です。そのため、過去に２～３人受け入れた経験があるレベルで発達障害について理解したつもりでいる企業ですと、逆に問題が起こることもあります。以前の経験を基に、発達障害の人はこういうものだと思い込んでしまっていることがあるからです。

そこでＫａｉｅｎでは、以前の人と特性がかなり違う場合には、この人は以前の人とこういうところが違いますと、企業さんに紹介をするときにご説明して理解を受けた上で紹介します。

支援機関を上手に使って〝発達障害者〟ではなく〝その人〟を理解してもらえるようにご家族としても行動されるとよいと思います。

第7章 実践編

子どもの自立・自活へ向けて

我が家の場合

家庭での生活、学校選び、子どもの就職……、特性を抱えた子どもの自立・自活へ向けての子育て実践をレポート。家族の支援はさまざまですが、参考になることも多いはずです。

※本章は、Kaien より紹介していただいた保護者の話を基に構成しています。

思春期前に発達障害を告知し、特性について親子で話し合う

O家の場合（神奈川県）

子ども　：男　高校1年生（2016年4月20日）
家族構成：夫（会社員）、Oさんと3人家族
発達障害の種類：自閉症スペクトラム

幼稚園の先生に特性を理解してもらえない

1歳半を過ぎても言葉が出てこなかったので、1歳半検診時にお医者さんから「注意して観察していきましょう」と言われました。公園などに連れて行くと、周りの子どもたちには興味がありじっと見つめていました。ただ、抱っこしていると安心しておとなしいのですが、地面に下ろした途端に泣き出してしまうので、ずっと抱っこしていました。

3歳児検診では、高機能自閉症と診断されました。療育センターに通い、特性を理解することができました。地域の幼稚園の「年中組」に入園したのですが、一見、発達障害のある子どもに見えないおとなしい子どもということもあり、幼稚園の先生には特性を説明したものの、なかなか理解されませんでした。

息子は、教室などその場に慣れると、子ども同士で遊ぶこともできます。しかし「見通しがつかないこと」が苦手で、行事や初めてのことには配慮をお願いしましたが、「お母さんの不安が伝わっているせいですよ」と言われてしまいました。

越境して入学した小学校時代

小学校は、区域外の小学校に入学しました。入学を決めたのは、発達障害に理解があり1学年1クラスで小規模ということもあり、子どもが落ち着いて過ごせる環境だと思ったからです。入学後2年生までは、大きな問題も起こさず順調でした。

しかし、3年生に進むと回りについていけずに学校に行くことを嫌がるようになりました。毎朝「算数は休んでもいいから、社会の授業から学校に行こう」などと半ば強制的に学校へ連れて行く毎日でした。

4年生のときに、再び診断を受け

たのですが、自閉症は変わらず、軽度の知的な遅れもあると診断されました。その小学校には、「とりだし」と呼ばれる「個別指導教室」があり、週に数回通えるようにしてもらいました。

そして、新年度から特別支援学級に移籍しました。ここでは、連絡帳などで、とても密なやりとりをしながら共通理解ができる担任の先生と出会えました。息子にとっても信頼できる先生に出会えたことは、その後の進路を考えると大きかったと思います。

息子の場合、自閉症の「三つ組みの特性」があっても特性が表に出ないタイプなので、なかなか先生や周りの生徒に理解してもらえず、なぜ、一般級に入れないかが理解してもらいにくかったのです。そのため、クラスのお友だちに理解してもらうために、私が息子のことを手紙に書いて先生に読んでもらったこともありました。

子どもと一緒に決めた高校選び

中学を選ぶときは、息子が小学校5年のときに「発達障害に理解がある」と評判の中高一貫の私立校へ体験入学して決めました。比較的自由度の高い学校で授業も子どものレベルに合わせて進めてくれるので、そういう面では良かったと思います。2016年4月から同じ系列の高校に進学が決まったのですが、すんなり決めたわけではありません。

やはり、子どもの自立というか将来を考えた場合、就職に有利な高等特別支援学校に入学させた方がいいのではないかとずいぶん悩みました。そこで、親子一緒に6校ほど見学に行き、十分に話し合いました。その結果、やはり中学でなじんだ環境と同じ高校への進学を、息子自身も納得して決めることができたと思っています。

子育ての上で意識していたことは、息子が自分の障害を受け入れるように、思春期前に告知したことです（中学2年のときは、知的遅れのない自閉症と診断）。それから、日常生活の中でざっくばらんに、特性について話題に出すようにしていることです。そのせいか中学時代は「なぜみんなのようにできないのか」と悩んだり、落ち込むことがなかったので告知前より落ち着き、うまくいっていると思います。

定時制へ編入して大学進学、将来の自立を目指す

S家の場合（東京都）

子ども　：男　私立大学工学部1年生（2016年4月20日）
家族構成：夫（会社員）、Sさん、姉と4人家族
発達障害の種類：自閉症スペクトラム

診断は「引っ込み思案な子ども」だったが、特性が徐々に現われる

1歳半頃の息子は、母親と姉以外は視線を合わせない赤ちゃんでしたので、なんとなく違和感を覚えていました。自治体の1歳半検診では「要観察」でした。

その後、都内に引っ越して3歳児検診では、理解力が6歳、行動が1歳というような説明を受けました。幼稚園の年少に相当する年に、区の発達に心配がある子向けの教室に1年間通いましたが、発達障害の診断は出ずに「引っ込み思案な子」との見立てで年中組から幼稚園に入園。幼稚園時代は同じキャラクターを好む友だちもできて、特に問題なく育てやすい子どもでした。

小学校は地元の公立に入学。小学校時代は、スポーツが苦手で友だちと遊ぶより一人で読書していることが好きな子どもでした。先生によると、仲間に加わるより自分から一人を選んでいるというスタンスだったようです。

勉強に関しては、特に困ることはなかったと思います。ただ、自発的に勉強に取り組むということはなく、家での予習復習などはまったくしませんでした。進学塾に通わせていましたが、地理や歴史など社会科の勉強にはまったく興味がなく、成績も悪かったようです。好きな科目は国語で勉強しなくてもテストではいい点をとる、というように学習面でも極端にアンバランスな面がありました。

私立の中高一貫校に入ってそのまま高校へ進んだが……

数校の中学を受験し、進学率の高い中高一貫の私立中学（男子校）へ入学しました。成績は中の下ぐらいでしたが、息子がまったく興味を持たない地理や歴史では、成績も相変わらず最下位でした。それでも中学時代は1日も欠席せず、大きな問題もなく卒業し、そのまま系列の高校に進級しました。

ところが、高校に進級した途端に「もう学校へ行きたくない」と言い出したのです。息子によると、同級生との関係がうまく築けずクラスで

疎外され、「周りが自分をバカにしている」と感じているようでした。親子三人で学校に相談に行き、担任から「なんとか卒業だけはしましょう」と言われたのですが、このままだと息子が二次障害になる恐れもあると考え、高校1年終了時に私立を自主退学し、転入試験を受験して2年から都立定時制高校の昼間部に転入しました。

定時制高校に転入して落ち着きを取り戻す

定時制高校を選んだのは、クラスがなくクラス単位の活動や学校の行事がないため、勉強に集中し単位を取れば卒業できるということで、他人とのかかわりが苦手な息子に適していると思ったからです。

周りの目が気にならなくなったのか定時制高校へはストレスなく毎日通えるようになりました。息子は何事も自発的に参加したり申し込むことをしないできたのですが、自ら修学旅行に参加すると言ったときには驚きました。

さらに高校3年になると高校の相談室主催の泊まりがけのキャンプにも参加しました。このキャンプに参加すると単位に反映されるからでしたが、親としてはうれしいでき事でした。その後は自発的に相談室のカウンセラーの先生と1週間に1度面談の予約を入れ、いろいろ話を聞いてもらっていました。修学旅行に行けたことと、繋がれる先生に出会えただけでも、定時制高校へ通わせてよかったと思います。

大学進学を決めた高校2年の出来事

定時制への転入問題もあり、息子は高校を出てすぐの就職は難しいと感じていましたが、その思いが決定

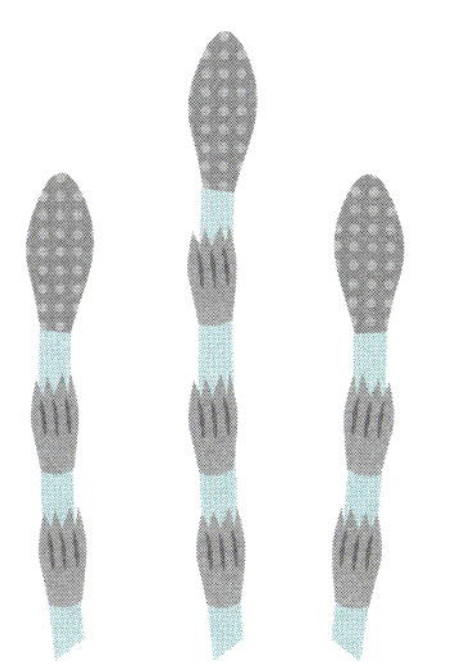

的になるでき事がありました。高校2年の冬休みに、申し込めばほぼ採用される近所の郵便局の仕分けのアルバイトに落ちてしまったのです。やはり、面接がうまくいかなかったようです。進路は、息子がパソコン好きなこともあり、自分で電子関連の工学部のある志望校を決め、一般入試で私立大学の工学部に進むことになりました。

大学に進学できたことは、母親としては4年間の猶予期間ができたと思っています。息子には、まずは少しずつ社会的スキルを身につけてもらい、将来は適正を生かした得意分野での仕事についてもらえればよいと考えています。

部活動の部長になり自分に自信を持ち始めた

F家の場合（東京都）

子ども　：男　中学3年生（2016年4月20日）
家族構成：夫（公務員）、Fさん、姉と4人家族
発達障害の種類：ＡＤＨＤ、自閉症スペクトラム

体育の授業を嫌がり小学校2年のときに診断

小学校2年生のとき、お友だちのお母さんから「いつも学校でしかられているらしい」と聞いて、「もしかしたら」と思いました。実は幼児のときから、『なにかほかの子とは違うな』と思っていたのですが、その頃はまだ発達障害を知らなかったので、ぼんやりと疑問を感じる程度でした。

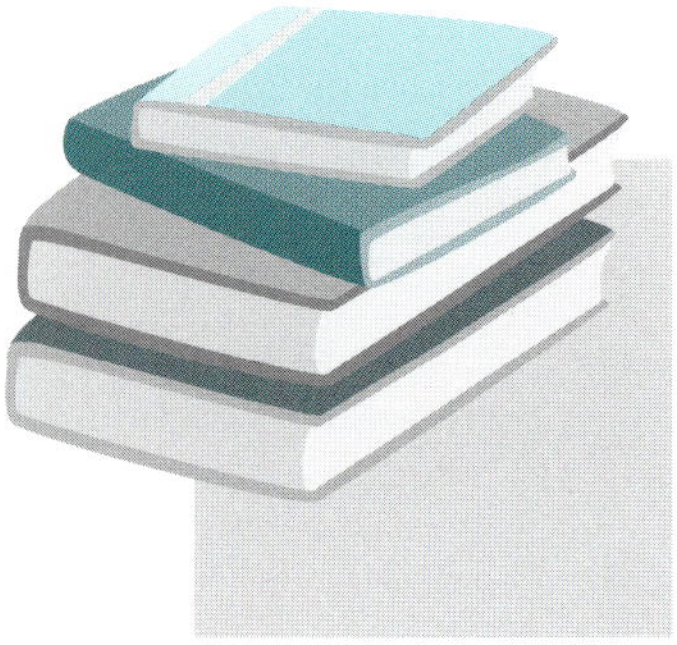

改めて小学校の先生に確認したところ、体育の授業を拒否したり、指示をしても聞いていないことが多いと言われました。そこで、発達相談を行なっているクリニックに相談し受診したところ、知的遅れのない自閉症スペクトラムでＡＤＨＤの傾向もあると診断されました。

運動が苦手で体育の授業がある日は学校に行きたがらないので、小学校の先生に発達障害のことを話して理解をしてもらい、3～5年生まで通級で「ソーシャルスキル」を学びました。

小学校時代は、担任の先生と密に連絡をとり合っていたので、宿題や課題の内容や提出期日を知らせてもらい、体調を見計らって家庭学習のスケジュールを子どもに代わって私がたてていました。また、疲れているときや提出期日に余裕があるときには休むことを優先して疲れを溜めないなどの体調管理に気を配っていました。

中学に入学すると、ＡＤＨＤの特性が出てきた！

中学を選ぶときは、市内の公立中学を6校（うち4校は親子で見学）見学しましたが、ある校長先生のお話を聞いて「枠に入りきらない子どもにも理解がある」と感じた中学に入学しました。この中学へは小学校から仲の良い友だちが一緒に入学し

たこともあり、休むこともなく通学しています。

しかし中学に入学した頃から「取りかかり」ができない、「努力」が苦手といったＡＤＨＤの特性が目立つようになってきました。宿題を忘れる、期日を忘れるということはしょっちゅうあります。その都度注意はするのですが、必要以上にしからないようにしています

学校から帰ってくると部屋にこもってパソコンを見たり、好きな鉄道の本を読んだりしているようですが、宿題にはなかなか取りかかってくれません。息子の部屋には勝手に入らないようにしていますが、パソコンは１日の時間を決めて、それを守らせています。それと、パソコンや洋画のＳＦ映画が好きということもあり英語も好きなので、毎日ラジオの英語講座を15分聞くようにと言ったところ、それだけは守って聞いているようで、それなりに効果が上がっているようです。

機械が好きなので高等専門学校を目指す

中学校でうれしかったのは、週１回行われている学校の文化系の部活動で、息子が部長になったことです。小学校時代に通った通級のおかげで、少しは人とのかかわりが持てるようになったのだと思います。部長になったことは本人にとっても自信になっているようです。卒業後についてはパソコンや機械が好きなこともあり高等専門学校への進学を考えています。

子育ての面では、発達障害があるからといって特別扱いしたりすることはなく、言いたいことはちゃんという。できないことは無理にさせない、というのが我が家の方針です。とはいえ、息子はエネルギーを毎日学校で使い果たしてくるような状態なので、家庭ではそのストレスを解放できるような安らげる場所になるように心がけています。

特性と知的レベルを考え、中学1年から就労に備える

I家の場合（東京都）

子ども：男　20歳／小売業の事務補助職（障害枠パート社員）
家族構成：夫（医療関係）、Iさん（医療関係）、姉、双子の弟の5人家族
発達障害の種類：広汎性発達障害＋境界知能下限＋読み書き障害

子どもに合わせたお手伝いで生活スキルを高める

小学校は普通級に進みましたが、息子が「発達障害かも」と最初に思ったのは、小学校低学年のときでした。初めての場所や人に会うと不安になったり強い拒否反応を見せたり、こだわりも強かったのです。それで10歳の時に診断を受けました。

息子は、聴覚や味覚の感覚過敏が強く、

・洋服の素材、締め付け具合で着られない服も多い
・生ものや炭酸など感覚的に口にできない
・うるさい環境に長時間いられない
・読み書きの障害

などもあり、生活上でも困難な面がありました。それでも彼ができるであろうレベルを考えて、時間はかかりましたが「皿洗い」や「風呂洗い」など、成長に合わせて日々のお手伝いをさせました。また、月1回の障害児向けの親子料理教室にも通い、公共交通機関を使っての外出や待ち合わせなど生活スキルを高めるために、子育て面でも工夫しました。

PC部のある小規模な公立中学校へ越境入学

中学は地元の中学が1学年10クラスもあるマンモス校だったので、聴覚過敏を理由に静かな環境を求めて学年2クラスの小規模校へ越境入学しました。

この中学は支援級の前任の先生が自閉症に詳しい方で、普通級の教室もかなり構造化されていました。引き戸には騒音防止のゴムのクッションが付いていたり、視覚的な刺激も少なく、予定のホワイトボードやお知らせの掲示板の位置などがどの教室も同じような形でした。見通しの

立てやすさや感覚への刺激が少なく、息子にとっても居心地がよい環境だったと思います。

実はこの中学を選んだ一番大きな理由は、PC（パソコン）部があったことです。対人が苦手な息子はPCやゲームというツールを通じて居場所が見つけることができそうだったからです。中学時代の成績は「1」と「2」ばかりでしたが部活動を通じて友人、先輩、後輩との関係も築けて大変よかったと思っています。

高校までは配慮の入る普通教育の枠組みでしたが、知的レベルを考え、中学1年のときには障害枠就労も視野にいれて就労準備を始めました。中学、高校時代には親の会主催の中高校生向けの「キャリア講座」に親だけでなく本人にも可能な範囲で参加をさせました（本人はとても嫌がり、参加態度もひどいものではありましたが）。

親の会や発達障害のネットワークからさまざまな情報を得る

子育てをする上で大きな助けとなったのは、親の会や地元の障害児保護者仲間でした。高校選びに際してはここから集まってくる情報を利用しながら探しました。結果的に選んだ高校は親の会の情報がない学校でしたが、本人が学校見学・体験する中でとてもよい上級生に出会い、それで学校を決定することができました。

高卒後、障碍者就労を支援するコースがある専門学校へ進学しました。

専門学校時代は自宅近くに下宿を借り、平日4日間は自宅の夕食後夜間はそこで過ごさせ、洗濯、掃除、朝自分で起きて学校に行かせるなど、生活スキルが向上できるように工夫しました。また、親以外に、「質問」「相談」「依頼」などができるように支援者、専門家、知り合いなどと出会う機会を作るといったこともしました。

障害があっても子どもができることを応援する

両親が医療関係者ということで、診断後は発達障害についてかなり学び、調べ、理解をしたつもりでいましたが、それでも子育てにおいては何度も失敗してきました。

「経験したことしかできない」息子の特性を考慮し、親主導で親の会関係の「職業教育」や高校時代の実習等を可能な限りやらせました。しかし、本人のやる気がついてきてない実習での評価やアルバイトの面接の失敗等で非常に自尊心を下げてしまい、成功体験を先行させられなかったのはちょっと失敗だったと思います。

人生は、その人個人に配られたカードでの勝負しかできません。親とも、周囲との人とも違うその子ども自身の土俵、カードでの勝負です。

子どもが自分の「持ち札」を十分に生かした勝負ができるよう、親御さんが伴走してあげることが大切だと多くの失敗をして、ようやく最近達観できるようになりました。

現在、息子は大手小売り業の事務本部で、週30時間の障害枠パート社員として事務補助職（書類の発行・発送など軽作業およびPC入力）の仕事に就いています。見通しの立ちやすい作業、短時間勤務、周囲のサポート等もあり、本人は楽しく充実した職業人生活を送っていると思います。

「普通」を無理強いせず本人のペースを尊重する

H家の場合（埼玉県）

子ども　：男　24歳／事務補助職（障害枠パート社員）
家族構成：Hさん、妹と3人家族
発達障害の種類：広汎性発達障害（中学2年の初診時は高機能自閉症と診断）

中学2年で不登校気味になり診断を受ける

幼稚園の頃からどこか周りの子と比べて変わっているのではないか？と感じることはありました。同年代の子たちにうまく溶け込めないようなところがあったので、漠然とではありますが、そのうち「僕は学校にはいきたくない」と言いだすのではないかという予感のようなものはあ

りました。

中学2年になると、周囲とうまくいかなくなり不登校気味になってしまいました。そこで病院に相談した方が良いのではないかと思い、受診したところ高機能自閉症と診断されました。

思い返せば、子どもの頃から自分の好きな事に夢中になってしまい、周りが見えなくなるところがありました。例えば、電車の発車メロディが好きなので、電車のドアが開くたびにドアから身を乗り出して聞き入ってしまいます。乗ってくる方の邪魔になるので、その度に軽くではありますが、注意していました。

また、冠婚葬祭など自分の居場所がないような所では、どうして良いかわからず、今でもひとり言にふけったり、うろうろと歩き回ることも多いです。

ただ診断のことは、本人が理解できるようになる大学に進学するまで伏せていました。

生活のスキルは時間をかけて教える

小学生の頃から子育てする上で心掛けていたことは、家ではなるべくのんびりゆったりできるようにしていることです。息子は気持ちの切り替えがすぐにはできないので、好きなことをやっているときにはそっとしておきます。本人が中断したときに話しかけるようにしていますし、予定を変更するときには、本人が納得できる時間を持てるように前もって話します。また、言葉で言ったことはなかなか本人の中に残らないので、簡単なメモを書いておくようにしています。

特に大事なことは、経験からも、また信頼できる相談員さんのアドバイスからも、子どもの生活のリズムを崩さないようにしたことです。幸いにも息子の場合は、本人も「ちょっと夜更かしして睡眠のリズムが崩れるとすごく疲れるし、元に戻すのに大変だ」と自覚があったようなので、週末でも深夜0時を過ぎてまで趣味に没頭するようなことはありませんでした。

息子は、もともと小さい頃から器用な子ではなかったので、なにかを身につけるには同年代の子よりも時間をたっぷりかけて習慣化しないといけないのかもしれないと思い、小学生の頃からお風呂のそうじや、洗濯物をたたんだりしてもらっていました。食事の後片付けも、私と交代で洗う係、ゆすぐ係をやって生活に必要なことを少しずつ経験してもらうようにしました。

進学先や就職先は特性を考えて無理をしない

高校は本人の特性も考えていろいろ悩んだのですが、県内に3部制の定時制高校があるということを知り、調べてみたところ、1日の授業時間が全日制より短く、なにより1クラスが20名という小人数というところも息子に合っているのではないかと思い、見学に行きました。昔の定時制高校に抱いていたイメージとは違い、とても穏やかな雰囲気で本人も気に入り、決めました。

大学は、高校の指定校推薦の枠で自宅から通学できて、キャンパスの雰囲気がのどかな所を選びました。

実は、大学進学は講義についていくのにIQ的に少し無理があるのではないか？　とも思ったのですが、高校卒業後すぐに就職できるだけのスキルもないし、本人が自分のことを時間をかけて分析してみたいと言ったこともあり進学させました。

その頃から、自分は発達障害かもしれない、と本人なりにいろいろ調べるようになりました。発達障害の特性などを知るうちに、自分に合うこと、合わないこと、できること、できないことの大方の分類はできるようになった気がします。手帳を取得すればメリットがあること、年金も受給できるかもしれない、などのことも自分で調べていました。

就職について考えたのも息子が大学に進学したころです。親としても大学時代は、息子にどんな仕事ができるのかを考え、社会へ出るための準備期間だったと思います。

就職してからは、職場では緊張していると思うので、家ではテレビもあまりつけずに（音に敏感なので）静かに過ごせるようにしています。また、外食やでき合いのものが好きではないので、毎日お弁当を持っていっています。

子育ての方針などは特になかったのですが、進学先や就職先を決めるときには、本人が自分の特性をわかっているかどうか、それを受け入れられているか、ということが重要ではないか？　と思っています。息子は、「小さい頃から、なんだか自分は周りになじめない、という感覚を持っていた」と中学生の頃になって話してくれました。それを聞いて私たち親も心が決まった気がします。本人に『普通』を無理強いしないようにしようと思ったのです。

この先は、ひとりでも生活できるように少しずつ必要な手続きができるようになってくれればと願っています。

基本的なルールを決めて少しずつ生活スキルを上げる

K家の場合（神奈川県）

子ども：男　高校3年生（特例子会社に内定、2016年4月から勤務）
家族構成：Kさん、母親、妹と4人家族、2世帯で祖父
発達障害の種類：自閉症スペクトラム

規則正しい生活を心掛ける

多動があり2歳半から療育センターに通っていました。特に幼少の頃は多動がひどく、追いかけるのが大変でよく迷子にもなりました。また、こだわりが強く、周りからしつこいとも言われていました。

子育てをする上で心掛けたのは、集中しているときや時間に制限がある場合、終了の5分前などに声かけをしています。また、ふだんから規則正しい生活を続けて快食、快眠、快便ができるように朝食をしっかりとり、トイレも学校で行かなくてもいいように朝に済ませます。夜は、11時には就寝できるように心掛けました。

生活のスキルを高めるために、基本的なルールを作りました。

①止めと言ったら止める
②指示に乗る
③順番を待てる
④お礼が言える
⑤最後までやり通す

健常な子どもにとっては簡単なルールですが、こだわりのある子どもにとってはとても難しいことです。できるまで何度も言い聞かせました。

通信制サポート校へ進学し、就職に向けた準備を開始する

中学は、中高一貫校に進学させたのですが、中学時代にはいじめもありました。そこで、本人とも話し合って発達障害にも理解のある臨床心理士が在籍している通信制サポート校を選びました。

就職に関しては、男子ということで大学進学も考えましたが、入学した高校の進路相談で療育手帳を使った障害者枠での就職を勧められました。高校では、職業実習やインター

ンシップを通じて経験を積み、高校２年にはＫａｉｅｎのＴＥＥＮＳ（放課後デイサービス）に通い、メモを取ることや報告・連絡・相談のスキルを学びました。そして、高３の夏休みが終わるとハローワークに登録し、就労支援センターの方から実習先を紹介して頂くなど就職に向けた準備を開始しました。

とはいえ、実習先では指示に乗れず自分の考えで行動してしまったことやロッカーのドアを勢いよく閉めて鏡にヒビが入ってしまったこと。緊張してトイレに何回も行ってしまったこと、日誌を書くのに時間がかかり過ぎたなど失敗もいろいろありましたが、本人にとっては貴重な経験になったと思います。そのほかにも就職に対する準備としては、家庭教師に履歴書の書き方や面接時の対応などのアドバイスもしてもらうなどさまざまな支援をしてもらいました。

２０１６年４月からは、無事に就職することになりました。仕事はオフィスサポート業務（文章のＰＤＦ化、社内メール便筒作成、イベントの準備など）ですが、少しずつ経験を積んで自活できるようになればよい、と親として願っています。

「オヤジは自分の味方」という態度で接する

i家の場合（東京都）

子ども　：男　高校1年生（2016年4月20日時点）
家族構成：iさん（父）、母と3人家族
発達障害の種類：広汎性発達障害

一歩ずつでもできたことをほめて育てる

母親は、たぶん1歳半検診のときに気がついていたと思います。当時、私は「そんな子どもはどこにでもいる」、「すぐに治る」などと療育にも参加しませんでした。しかし、小学校に入ると周囲や友だちともなじめなくなってきました。親としてみても学習や運動や会話など全体的にズレているように感じていました。

そこで、東京女子医大で診断してもらったところ広汎性発達障害と診断されました。それまでなにも子育てを手伝ってこなかったのですが、「これは大変だ」と、母親と一緒に子育てに参加することにしました。

特性のことは小学5年生のとき、父と息子の二人だけで海にまで連れて行って告知をしました。あまり細かなことは話さなかったのですが、最後に「みんなお前の応援団だからがんばろう」と声を掛けてやりました。とはいっても父親なので基本的には、子育てに関しては母親まかせでなにも言いません。ただ、それとなく「オヤジは息子の味方だ」という態度で接しています。できなかったことができたときは、思いっきりほめてあげて一つずつできることが増えていけばよいと思っています。

子育てで手が回らないところはプロに任せる

もう一つ心掛けていることは、子育てや支援の手が回らないところは、〝プロ〟に任せていることです。小学校高学年になると急に体が大きくなったのですが、不器用で運動ができずにと競争ではいつもビリでした。走り方がわからなかったのです。それで、小学校6年から中2までラグビースクールへ入れて毎週日曜日に通わせました。さらに、土曜日は陸上クラブへも同伴で参加しました。半年ほどで普通に走れるようになり、中2の運動会では、1位になることができました。

ラグビースクールに通わせたのは、中学では、友だちとの会話もうまくできずに休み時間にひとりでいることが多く、オヤジとしては彼の居場所を作ってやりたかったという面もありました。結局、レギュラーにはなれなかったけれど力が必要なフォワード密集やパスなども、普通にできるようになりました。中学3年になって受験に専念するためにラグビースクールは辞めたのですが、彼にとっては、大きな自信につながったと思います。

勉強面に関してはＫａｉｅｎのＴＥＥＮＳ（放課後デイサービス）に任せました。親は「こんなこともできないのか」とつい怒ってしまいますが、支援先では、子どももいい意味での緊張感を持って勉強に向かえるようです。自他共に合格するはずがないと言われた英検3級試験にも合格し、全日制の私立高校へも合格できました。

息子は、高校へ入学したら放送部に所属すると言っています。彼なりに苦手な話し方を訓練するつもりだと思います。特性は特性として、意識して訓練すれば彼の夢も叶えられる可能性もある、と信じて応援していきたいと思っています。

監修者略歴

鈴木慶太（すずき　けいた）

2000年、東京大学経済学部卒。NHKアナウンサーとして報道・制作を担当。'07年からKellogg（ノースウェスタン大学ケロッグ経営大学院）留学、MBA取得。渡米中、長男の診断を機に発達障害の能力を活かしたビジネスモデルを研究。帰国後Kaienを 創業、現在 ㈱Kaien 代表取締役 。

参考図書

『親子で乗り越える　思春期の発達障害』塩川宏郷／監修　河出書房新社
『発達障害がある子どもの進路選択ハンドブック』月森久江／監修　講談社
『アスペルガー症候群　就労支援編』佐々木正美　梅永雄二／監修　講談社
『よくわかる大人のアスペルガー症候群』梅永雄二／監修　主婦の友社
Kaienホームページ／http://www.kaien-lab.com/

Staff
装丁／志摩祐子（レゾナ）
本文デザイン・ＤＴＰ／志摩祐子、西村絵美（いずれもレゾナ）
カバー・本文イラスト／横井智美
企画・構成／佐藤義朗
編集／西垣成雄
取材／大室衛

親子で理解する発達障害
進学・就労準備の進め方

2016年５月30日初版発行
2022年１月30日４刷発行

監　修　鈴木慶太
発行者　小野寺優
発行所　株式会社河出書房新社
東京都渋谷区千駄ヶ谷2-32-2
電　話　03-3404-8611（編集）
03-3404-1201（営業）
https://www.kawade.co.jp/

印刷・製本　図書印刷株式会社

Printed in Japan　ISBN978-4-309-24757-1